AF241267

...TYR DU DÉSERT

...UES ROGER

...TEUR DU PROTESTANTISME DANS LE DAUPHINÉ
AU DIX-HUITIÈME SIÈCLE

ET SES COMPAGNONS D'ŒUVRE

(1675-1745)

PAR

DANIEL BENOIT

PASTEUR

« *Sous la croix le triomphe* »
(*Devise des Églises du Désert*)

SECONDE ÉDITION REVUE ET COMPLÉTÉE

32856

TOULOUSE
SOCIÉTÉ DES LIVRES RELIGIEUX
DÉPÔT : RUE ROMIGUIÈRES, 7

1881

UN MARTYR DU DÉSERT

JACQUES ROGER

PUBLIÉ PAR LA SOCIÉTÉ DES LIVRES RELIGIEUX
DE TOULOUSE.

TOULOUSE. — IMP. A. CHAUVIN ET FILS , RUE DES SALENQUES . 28.

UN MARTYR DU DÉSERT

JACQUES ROGER

RESTAURATEUR DU PROTESTANTISME DANS LE DAUPHINÉ
AU DIX-HUITIÈME SIÈCLE

ET SES COMPAGNONS D'ŒUVRE

(1675-1745)

PAR

DANIEL BENOIT

PASTEUR

« Sous la croix le triomphe. »
(Devise des Eglises du Désert).

————

SECONDE ÉDITION REVUE ET COMPLÉTÉE

————

TOULOUSE
SOCIÉTÉ DES LIVRES RELIGIEUX
DÉPÔT : RUE ROMIGUIÈRES, 7

——

1881

La plupart des documents qui m'ont servi pour ce travail sont inédits. J'exprime ici toute ma reconnaissance à M. le pasteur Eugène Arnaud, de Crest, qui m'en a communiqué plusieurs, entre autres un mémoire étendu et très intéressant du pasteur Daniel Vouland sur le Dauphiné (Bibliothèque de Genève, ms. de Court, n° 17, vol. B). Cette relation embrasse la période comprise entre la révocation de l'édit de Nantes et l'année 1736, et m'a beaucoup servi pour les premiers chapitres de cette biographie. D'autres amis ont bien voulu seconder mes recherches à la bibliothèque de Genève, et transcrire à mon intention plusieurs lettres inédites de Roger. On verra enfin que j'ai consulté la plupart des ouvrages anciens ou modernes qui pouvaient me fournir quelques données.

J'aime à renvoyer le lecteur, désireux de plus amples renseignements sur l'époque qui va nous occuper, à la belle histoire d'Antoine Court, par M. Edmond Hugues, et, pour ce qui concerne plus particulièrement le Dauphiné, au troisième volume de l'importante publication, fruit de longues et savantes recherches, que M. le pasteur Arnaud prépare sur le protestantisme dans cette province.

Depuis que j'écrivais ces lignes, en 1875, le grand ouvrage de M. Arnaud sur les protestants du Dauphiné a paru. Je lui emprunte plus d'un renseignement précieux pour cette seconde édition, que j'enrichis aussi de quelques pièces inédites et d'un chapitre nouveau sur les idées religieuses et théologiques de Roger.

Montauban, juillet 1881.

INTRODUCTION

Tout a été dit sur les maux sans nombre qui accompagnèrent et suivirent la révocation de l'édit de Nantes. Les réformés, préparés à ce tragique événement par de longues années de vexations, se virent, en un jour et par un trait de plume, frappés dans leurs droits civils et religieux, et condamnés à choisir entre l'exil ou l'abjuration. Ils préférèrent obéir à la voix de leur conscience, et la plupart allèrent chercher une terre plus clémente où ils pussent adorer Dieu en liberté. En vain des sentinelles vigilantes gardaient la frontière; si beaucoup de fugitifs furent arrêtés et traduits devant les parlements (1), le plus grand nombre — quatre

(1) Voir la liste de ceux qui comparurent devant le parlement de Grenoble dans le *Bulletin de la Société de l'histoire du protestantisme français*, t. VII, p. 135, et t. VIII, p. 297.

cent mille environ — purent s'échapper, et l'émigration, qui priva la France de ses plus utiles enfants, fut une source de prospérité pour les pays qui les accueillirent.

Ceux qui, moins heureux, restèrent en France, furent considérés, par une fiction étrange, comme gagnés tous à la religion dominante. On les appela les *nouveaux convertis*, les *nouveaux réunis* ou les *nouveaux catholiques*. Malheur à eux s'ils témoignaient ouvertement leur sympathie pour la Réforme. Ils étaient aussitôt traités de *relaps* et exposés aux peines les plus sévères. Des prédicateurs se répandaient dans les provinces infectées de l'hérésie de Calvin. Ils s'efforçaient d'attirer ou de retenir dans le bercail ces brebis toujours indociles ; et, comme s'ils comptaient peu sur les moyens ordinaires de conversion, ils se faisaient accompagner des missionnaires bottés qui obtenaient par la violence ce que la persuasion n'avait pu faire. Les dragons surent trouver des arguments nouveaux en faveur de la messe et du culte des saints, et cette mission d'un nouveau genre, due à l'esprit inventif de Marillac, l'intendant du Poitou, laissa sur son passage des marques indélébiles de ses excès.

La province du Dauphiné, déjà évangélisée par les Vaudois au moyen âge, avait accueilli

avec empressement, dès les premiers jours de
la renaissance évangélique, les apôtres de la foi
nouvelle. Il s'y organisa bientôt des Eglises
nombreuses et florissantes. Leur nombre s'élevait à plus de soixante et dix à la veille de la
révocation, sans parler de deux cents annexes,
et l'on ne comptait pas moins, dans la province,
de quatre-vingt à cent mille protestants. Aussi
fut-elle particulièrement éprouvée par la persécution. On lui fit payer cher la gloire d'avoir
donné le jour à Guillaume Farel et à Daniel
Chamier. Elle fournit une longue page au mar-
tyrologe protestant. Les plus fermes furent pendus ou roués vifs ; les autres condamnés à ramer sur les galères du grand roi. On enferma
les femmes à la conciergerie de Grenoble, dans
la tour de Crest ou dans l'hôpital général de
Valence, dirigé par l'infâme d'Hérapine et qu'il-
lustra la constance admirable de Blanche Ga-
mond. Plusieurs de ces femmes héroïques subi-
rent le dernier supplice. De leur nombre fut
Louise Moulin de Beaufort. Condamnée en 1687
à être pendue devant la porte de sa maison
« pour crime d'assemblée, » elle réclama
comme une suprême faveur, au pied de la potence, la liberté d'offrir une dernière fois le sein
à son nourrisson, et « elle mourut ensuite, »
disent nos relations, « en louant Dieu avec une

fermeté au-dessus de son sexe. » Quant aux enfants, les garnisaires les forçaient d'abjurer, puis on les envoyait dans des couvents achever leur éducation.

Mais quelque zèle qu'ils missent dans l'accomplissement de leur tâche, les convertisseurs étaient loin de voir le succès couronner leurs efforts. S'ils obtenaient des adhésions extérieures, les cœurs n'étaient pas gagnés. Les nouveaux convertis, selon l'expression d'un historien hostile à la Réforme, étaient « de nouveaux catholiques mal convertis ; » et tel d'entre eux, après avoir fait le matin acte de présence à la messe, lisait le soir en cachette la vieille Bible du foyer et retrempait sa foi dans les austères enseignements du saint Livre. Ecoutons l'aimable et spirituelle Mme de Sévigné nous dépeindre en termes indignés la ténacité de ces rebelles : « M. de Grignan, » écrivait-elle au comte de Bussy, « a fait un voyage d'une fatigue épouvantable, dans les montagnes du Dauphiné, pour séparer et punir les misérables, huguenots qui sortent de leurs trous et qui disparaissent comme des esprits, dès qu'ils voient qu'on les cherche et qu'on veut les exterminer. Ces sortes d'ennemis volants ou invisibles donnent des peines infinies et qui, au pied de la lettre, ne sauraient finir ; car ils disparaissent

en un moment, et, dès qu'on a le dos tourné,
ils ressortent de leurs tanières (1). » Le Camus,
évêque de Grenoble, nous initie à son tour à
tous les désagréments que les *nouveaux convertis* causaient au clergé : « Quand on croit
les avoir calmés, les lettres qu'ils reçoivent de
Genève les raniment. Ils espèrent, ou qu'une
guerre étrangère ou que la fuite dans le printemps les mettra en liberté. Leurs psaumes, les
gloses de leurs Bibles et les livres de leurs ministres les fortifient, et l'on ne voit pas le
moyen de les leur ôter. Ils font de petites assemblées secrètes où ils lisent quelques chapitres de leurs Bibles, leurs prières, et ensuite
le plus habile leur fait quelque entretien ; en
un mot comme ils faisaient à la naissance de
l'hérésie (2). »

Ces aveux sont significatifs et rendent un
hommage involontaire à la fermeté de nos pères. Ils étaient persécutés, non vaincus ; la malveillance et la haine qu'ils inspiraient venaient
se briser contre le bouclier d'une foi sûre d'elle-
même. Ils avaient confiance en des temps meilleurs, dans un avenir qu'ils croyaient rapproché et qui devait, espéraient-ils, dévoiler aux

---

(1) Lettre du 16 mars 1689.

(2) Lettre à Barillon, évêque de Luçon, *Bulletin*, t. III,
p. 580.

yeux de tous leur innocence. Une complainte inédite du temps exprime bien, dans sa forme incorrecte et naïve, l'affliction de l'Eglise privée de ses conducteurs en même temps qu'elle montre sa confiance inébranlable dans les promesses de Dieu. En voici quelques strophes :

> Seigneur, regarde-nous en bas.
> Protège-nous de ta main droite ;
> Seigneur, aie compassion
> De notre pauvre religion.
>
> On a chassé tous nos pasteurs ;
> Ils sont bannis hors de la France.
> Tous nos pasteurs s'en sont allés
> Et les troupeaux sont égarés.
>
> Il en est bien resté quelqu'un
> Qui sont là-bas dans les Cévennes :
> Ils se rendent dedans les bois
> Pour enseigner les saintes lois.
>
> La sainte Ecriture nous dit :
> « Quittez vos biens, je vous en prie.
> Quittez vos parents et amis
> Pour aller servir Jésus-Christ. »
>
> Ni pour ceci, ni pour cela,
> Enfants, ne perdons point courage.
> Tout en dépit de l'Antichrist,
> Restons enfants de Jésus-Christ.

En effet, aux termes de l'édit, les pasteurs qui refusèrent de se convertir durent quitter le royaume dans un délai de quinze jours, sous peine des galères. Plus de six cents d'entre eux s'exilèrent, emportant sur la terre étrangère l'éternel regret de la patrie. Que devinrent leurs troupeaux ? Livrés à eux-mêmes, ceux que la persécution n'avait pas complètement dispersés virent bientôt les plus graves désordres se produire dans leur sein. L'incendie allumé dans les Cévennes ne se propagea pas dans le Dauphiné. Ici, malgré quelques résistances individuelles, point de soulèvement armé ; mais le prophétisme y trouva un sol favorable et s'y développa rapidement. Les montagnes de Dieulefit et de Saôu furent le centre de ce mouvement, et l'histoire conservera les noms du gentilhomme verrier du Serre et de la bergère de Crest, Isabeau Vincent, surnommée la belle Isabeau. Ce n'est pas ici le lieu de raconter leur histoire, ni de chercher une explication aux phénomènes étranges qui se produisirent alors. Ils furent dus en partie à l'exaltation du sentiment religieux, aux excès de l'imagination impressionnable de ces populations des campagnes, à l'habitude qu'elles avaient de nourrir leur piété de la lecture des livres prophétiques du l'Ancien et du Nouveau Testament. Mais après avoir dit tout cela, on n'a pas tout dit. Certains faits inexplicables échappent à l'analyse et semblent marqués du doigt de Dieu.

Quoi qu'il en soit, à l'époque où commence notre récit, les beaux jours du prophétisme avaient pris fin. C'était le *fanatisme* qui l'avait remplacé. Des prédications désordonnées attiraient encore au Désert des foules considérables ; mais elles perdaient de plus en plus tout caractère religieux, et la Réforme française, déjà si compromise par la persécution, était entraînée, par ses propres excès, vers une ruine imminente.

C'est alors qu'un homme parut dans le Dauphiné pour conjurer ce péril et rassembler les troupeaux dispersés. Jacques Roger fit pour cette province ce qu'Antoine Court, avec des dons plus éminents, allait entreprendre, quelques années plus tard, en Languedoc et dans les Cévennes ; mais il eut la gloire de le précéder dans cette œuvre de restauration, et il couronna par le martyre une longue vie tout entière consacrée aux travaux de l'apostolat. Longtemps il fut seul à travailler au relèvement des Églises du Dauphiné. Quinze mille protestants à peine ayant émigré sur les quatre-vingt mille ou cent mille que comptait cette province, c'est en définitive au service d'une grande partie de la population protestante du Midi que Roger consacra ses soins pendant près de quarante ans. De plus, son nom se trouve mêlé à tous les événements importants de notre histoire religieuse durant cette période : c'est lui qui présida les deux premiers synodes nationaux du Désert ; et cependant, que de protestants ignorent, je ne dis pas seulement les travaux, mais le nom même de cet éminent serviteur de Dieu ! J'ai essayé de tirer le martyr de Grenoble de cet oubli immérité et de tracer une esquisse rapide de ses travaux et de ses souffrances. Avec lui j'ai évoqué de la tombe, en même temps que les figures austères de ses compagnons d'œuvre, tout un peuple de confesseurs et de martyrs. La contemplation de ces mâles caractères n'est pas sans profit, en nos jours d'affaissement moral, pour ceux qui, non contents d'admirer l'héroïsme des ancêtres, veulent s'efforcer d'imiter leur foi en voyant l'issue de leur vie ; et volontiers nous nous associons à ces belles paroles d'un éminent coreligionnaire : « Puisque la France, à côté de l'étroit ascétisme ou de la longue hypocrisie du grand siècle, a pu enfanter tant de martyrs, qu'elle sache enfin se parer de ses aïeux et réclamer d'eux sa descendance. Pour nous, leurs fils et leurs indignes héritiers, c'est d'eux, ne l'oublions jamais, que nous avons hérité cette austère croyance qui soutint les forçats aux galères, les bannis dans l'exil, les femmes sous la torture et sous l'outrage, et nous pouvons dire à la France : « Ce furent tes pères dans la foi, voudras-tu toujours les renier (1) ? »

(1) Rosseeuw-Saint-Hilaire, *Ce qu'il faut à la France*, étude historique, p. 92.

UN MARTYR DU DÉSERT

JACQUES ROGER

I

1675-1711

Premiers travaux de Roger dans le Dauphiné. — Le fanatisme.
— Guet-apens à Grane. — Voyage en Languedoc. — Il prend
du service dans l'armée royale. — Course missionnaire au val
de Trièves. — L'aventurier Chapon. — Dangers à Die et à
Beaufort.

Jacques Roger naquit vers 1675 (1), à Boissières, village situé non loin de Nîmes, dans
la Vaunage, cette petite Canaan, comme l'appelaient nos pères. On montre encore la maison
où il vit le jour ; mais les détails nous man-
quent sur sa famille et sur son enfance. Nous

(1) Et non en 1665, comme le disent quelques historiens. —
Malgré des recherches actives à la mairie de Boissières, nous
n'avons pu retrouver la date précise de sa naissance. Le registre
des actes de baptêmes pour l'année 1675 fait défaut.

savons seulement que ses parents étaient fabricants de bas, et qu'il avait appris lui-même ce métier. A la suite des persécutions, dont la révocation fut le signal, il quitta la France, en 1696, et vint chercher, à l'âge de vingt et un ans, un asile à l'étranger. Il séjourna douze ans en Suisse et en Allemagne. Dans ces pays, où l'Evangile avait jeté de profondes racines, il fut mis en relation avec des hommes distingués et pieux qui exercèrent une heureuse influence sur sa vie religieuse. A leur contact, sa piété se développa et s'affermit. Aussi, vivement préoccupé du triste état des Eglises de sa patrie, résolut-il de rentrer au milieu d'elles et de se consacrer à leur service. Le ministère sous la croix exerçait sur lui un attrait puissant. Il s'ouvrit de son projet au professeur Bénédict Pictet, de Genève, le pieux auteur de la *Théologie chrétienne* et de tant d'autres ouvrages édifiants. Cet homme dévoué lui avait toujours témoigné une grande bienveillance, et, sur ses conseils, il rentra en France, en 1708, et choisit le Dauphiné pour théâtre de ses travaux.

Roger se mit à visiter aussitôt les nombreuses localités situées dans la vallée de la Drôme, où se trouvaient autrefois des Eglises florissantes. Mais quels changements survenus depuis quelques années! La persécution, semblable à un vent d'orage, avait tout dévasté sur son passage. Les religionnaires du Dauphiné étaient comme des troupeaux sans bergers, et, à défaut de pasteurs fidèles, ils suivaient quelques personnes du peuple, qui, dépourvues d'une piété véritable, les retenaient pourtant autour d'elles, grâce à un langage exalté et fortement empreint des couleurs bibliques. Quelques femmes fanatiques, au nombre de sept ou huit, voulant marcher sur les traces de la célèbre Isabeau, réunissaient des assemblées considérables, et prétendaient leur annoncer le conseil de Dieu. Elles étaient secondées par deux prophètes nommés Bosméand et Jolicœur. Ce dernier avait essayé, quelques années auparavant, de provoquer dans le Dauphiné et le Vivarais, un soulèvement semblable à celui des Cévennes. Il se tenait, à cette époque, dans les îles du Rhône, près de Lavoulte et du Pouzin, au milieu des pêcheurs presque tous protestants qui conduisaient des passagers nocturnes d'une rive à l'autre. Il y présidait des conciliabules belliqueux, et entretenait des intelligences secrètes avec les chefs camisards.

On comprend que l'arrivée de Roger dut éveiller chez de telles personnes plus d'une prévention. Il ne cachait pas, en effet, sa sympathie pour l'ordre et la discipline, ni son désir de rétablir sur leur ancienne base les Eglises de ce pays. Mais, pour ne pas compromettre son œuvre par trop de précipitation, il n'attaqua pas directement le fanatisme, et sut louer le zèle et les efforts de ceux qui se donnaient le nom de prophètes, tout en s'efforçant de neutraliser leur influence. Il avait soin de montrer, par des preuves qu'il demandait à la fois au raisonnement et à l'Ecriture, qu'on ne devait pas regarder comme inspirés tous ceux qui prétendaient l'être. De pareils discours furent mal accueillis par une population surexcitée. Plusieurs Eglises refusèrent de le recevoir. Seules, quelques personnes sensées et les vieillards qui avaient gardé le souvenir des pasteurs régulièrement consacrés, approuvèrent sa conduite.

A ces difficultés déjà si grandes s'ajoutaient des obstacles d'une autre nature. La malveillance de certains catholiques n'était pas endormie, et pour arriver à leurs fins, la ruse leur paraissait plus sûre que l'attaque ouverte. Un personnage déguisé, qu'on soupçonna plus tard d'être un jésuite, se faisait passer pour un prédicateur protestant. Il convoqua à Grane, petit village situé près de la Drôme, non loin de Loriol, une grande assemblée à laquelle il invita tout particulièrement les autres prédicants du Dauphiné. Son but était de les faire prendre ou tuer. Heureusement l'éveil fut donné, mais pas assez tôt toutefois, pour empêcher près de quatre-vingts personnes, au nombre desquelles se trouvaient sept ou huit prédicants des deux sexes, de tomber dans le guet-apens. Elles furent arrêtées et enfermées dans la tour de Crest.

On comprend que cette opposition, qui lui venait à la fois du clergé et des protestants exaltés, devait rendre bien difficile le ministère de Roger. D'où venait-il, d'ailleurs, et pouvait-on compter sur cet étranger ? Ne fallait-il pas plutôt se tenir à son égard dans une prudente réserve ? Quoi qu'il en soit, le fidèle ouvrier ne se découragea point, et il desservit pendant une année quatre ou cinq Eglises qui avaient appris à le connaître et qui surent apprécier ses services.

Mais, rapproché comme il l'était de son pays et de sa famille, le plus grand désir de Roger était de les revoir après de si longues années d'absence. Les circonstances ne lui permirent pas cette fois de réaliser son dessein. Il partit, cependant, et touchait presque au but de son voyage, lorsqu'il trouva, près de Nîmes, les chemins occupés par de nombreux détachements de soldats. Un soulèvement de Camisards avait provoqué le déploiement de cette force armée. Les allures du prédicant leur parurent suspectes, et il prévit le moment où on l'arrêterait. Comment échapper à ce danger? Roger s'y prit assurément d'une singulière façon. Renonçant à son projet, il s'enrôla comme volontaire dans l'armée. Cette résolution audacieuse ne le servit qu'à demi. On le mit d'abord aux arrêts au corps de garde, puis on le conduisit devant le duc de Roquelaure, gouverneur du Languedoc. Ignorant l'œuvre qu'il accomplissait dans le Dauphiné, celui-ci ne l'interrogea que sur son retour des pays étrangers. Roger convint qu'il avait séjourné quelque temps à Genève; mais, peu satisfait de ses réponses, le duc l'incorpora dans le régiment de l'Ile-de-France. Il n'y resta heureusement que quelques mois. A Saint-Jean-de-Maurienne, en Savoie, il trouva le moyen de s'échapper, et il se hâta de rentrer dans son champ de travail.

Ses amis de la vallée de la Drôme le reçurent à bras ouverts, et quoiqu'il eût encore à discuter avec Jolicœur et Bosméand, il vit peu à peu se dissiper les préventions qu'on avait contre lui. Il reconnut avec joie que c'était la faim de la Parole de Dieu qui rassemblait des foules considérables autour de ces prédicateurs improvisés et sans autorité morale, et il augura favorablement des progrès de l'Evangile dans ces contrées. Vers la fin de 1709, un protestant zélé, Pierre Meffre, de Bourdeaux, le conduisit dans plusieurs Eglises qu'il n'avait pas encore visitées. Il fit aussi, à la même époque, la connaissance de Jean Martel, le seul prédicateur qui repoussât les idées exagérées des fanatiques. Ces trois serviteurs de Dieu unirent leurs efforts, et ils virent bientôt avec joie leurs coreligionnaires se grouper autour d'eux et le fanatisme s'affaiblir graduellement.

Mais, animé comme il l'était d'un zèle infatigable, Roger voulut connaître dans toute son étendue le vaste champ de travail qu'il s'était assigné. Il partit donc, en 1710, pour le Trièves, petit canton enfermé dans les montagnes du haut Dauphiné et qui a Mens pour chef-lieu. Il trouva dans cette contrée intéressante, où la Réforme avait jeté de profondes racines et qui a donné le jour à Froment, le hardi prédicateur de la place du Molard, à Genève, un grand nombre de fidèles avides d'entendre la Parole de Dieu. Mais ici encore les esprits étaient en effervescence. Un aventurier des environs de Die, nommé Chapon, avait essayé, dans des vues intéressées, de provoquer au milieu d'eux un soulèvement armé. Trompés par ses faux rapports et ceux de quelques hommes de son caractère, le duc de Savoie et les Hollandais, alors en guerre avec Louis XIV, convaincus que les protestants de ce pays étaient disposés à prendre les armes comme ceux des Cévennes, lui avaient envoyé de l'argent. Ils espéraient, par ce moyen, opérer une diversion et obliger Louis XIV à dégarnir de troupes la frontière. Roger fit aisément comprendre à ses coreligionnaires la gravité et l'imprudence d'une pareille entreprise ; et Chapon irrité disparut, emportant une forte somme d'argent que des protestants trop crédules lui avaient confiée.

Roger put annoncer, dans le courant de juin et de juillet, l'Evangile à de grandes foules. Un des services qu'il présida réunit de quatre à cinq mille personnes. Mais des assemblées aussi considérables attiraient l'attention des catholiques. L'une d'elles fut surprise et dispersée par quelques-uns d'entre eux qui avaient à leur tête le prieur de Mens, et le prédicateur n'échappa que par miracle. Ces diverses raisons le décidèrent à retourner dans le bas Dauphiné. Mais son voyage ne s'effectua pas sans de nouveaux dangers. Il dut marcher toute une nuit sous une pluie torrentielle. Près de Die, il faillit se noyer en traversant une rivière grossie par les orages, et pour éviter les soldats que le projet de Chapon avait attirés dans ces quartiers, il fut obligé de s'engager dans des chemins détournés et difficiles.

Roger retrouva, dans la vallée de la Drôme, les mêmes sympathies et la même opposition qu'il y avait laissées. S'il voyait le zèle et la foi se développer chez les fidèles, d'autre part la haine de ses ennemis grandissait chaque jour. C'est ainsi que deux catholiques des environs de Beaufort jurèrent de le prendre mort ou vivant, et le poursuivirent sans relâche pendant quatre mois. Un matin, le pasteur, surpris dans sa retraite, fut à portée de leurs armes, et il ne dut son salut, après Dieu, qu'à une fuite rapide. Mais le courage et la foi du fidèle témoin de Jésus-Christ étaient à la hauteur de tous ces périls, et, durant un ministère qui devait se prolonger encore trente-quatre ans, « sous la croix des afflictions, » nous le verrons, avec une respectueuse admiration, mettre chaque jour au service de son Maître un zèle infatigable qui se jouait des difficultés.

II

1711-1715

On avait informé Louis XIV des assemblées du Trièves. Bien qu'il en reconnût le caractère exclusivement religieux, il publia à leur occasion, le 31 octobre 1710, une ordonnance qui rappelait les mesures sévères de celle du 31 mai 1689 et que d'Angervilliers, l'intendant de la province, se chargea d'exécuter. Elle condamnait à mort les prédicants et même les simples particuliers pris en flagrant délit de participation aux assemblées. Les galères perpétuelles étaient réservées à quiconque serait convaincu d'y avoir assisté et les galères à

temps à ceux qui donneraient asile aux prédicateurs. Leurs maisons et celles qui abriteraient
les réunions proscrites devaient être rasées (1).
Les protestants étaient sous la terreur. Un
grand nombre d'entre eux, poussés à bout,
quittèrent le royaume et allèrent grossir le
nombre des réfugiés. Plusieurs Dauphinois se
fixèrent à Neuchâtel : c'étaient Moïse Marcel,
de Crupies ; Daniel Second, de Mens ; Denys
Long, Samson Charbonnier, de Montélimar ;
Henri Bertrand, de Nyons ; Jean Vernet, René
Lauzon, Etienne Marchié, Jeanne Gras, de
Dieulefit ; François Chabaud, Daniel Chaba-
nel, Louis Poyas, de Valence ; Jacques Fu-
zier, François Astié, de Beaumont : Moïse
Montoison, de Chabeuil ; Bernard Bessonnet,
de Loriol ; Suzanne Bouvier, de Montmeyran,
et tant d'autres dont nous pourrions citer les
noms (2). Ils étaient de tout état et de toute
condition. Dans leur nombre se trouvaient des
avocats et des laboureurs, des médecins et des
négociants, des riches et des pauvres. Tous
nourrissaient le secret espoir de revoir encore
la pierre du foyer. Combien furent trompés
dans leur attente !

(1) Voir Arnaud, *Histoire des protestants du Dauphiné*, t. III,
p. 100.
(2) Voir *Bulletin*, t. IX, p. 465 et suiv.

Au milieu de ces pénibles circonstances, ceux qui restaient tournaient avec espérance leurs regards vers les pays protestants. D'eux seuls, pensaient-ils, après Dieu pouvait leur venir le secours. Vers la fin de l'année 1711, quelques protestants du Dauphiné, au nombre desquels se trouvait Génac de Beaulieu, gentilhomme de Crest, députèrent Roger auprès des seigneurs de Berne. Il devait les prier de plaider, auprès des cours protestantes, engagées dans la guerre pour la succession d'Espagne, la cause des protestants de France, afin qu'elles réclamassent pour eux, dans le traité qu'elles étaient sur le point de conclure avec Louis XIV, la liberté de conscience. Roger se rendit d'abord à Genève et alla voir le professeur Pictet. Celui-ci, ne comptant pas sur le succès de ses démarches, l'engageait à retourner en France; mais le député voulut remplir jusqu'au bout sa mission et se rendit à Berne.

Cette ville, qui fut au seizième siècle un des boulevards de la Réforme, avait ouvert avec empressement ses portes aux sujets proscrits de Louis XIV. A la suite de la révocation, plus de deux cents familles s'y établirent, et une corporation française s'y organisa en 1689. Elle choisit pour inspecteurs trois pasteurs réfugiés et quelques anciens, et le directeur en fut Moïse

Hollard, ministre de l'Eglise française de Berne
et l'un des membres les plus distingués du
corps des pasteurs (1). Ce fut à eux que Roger
s'adressa tout d'abord, et ils lui ménagèrent
une audience auprès des seigneurs de Berne.
Leurs Excellences lui donnèrent acte de l'exécution de sa mission, en promettant d'écrire
aux différentes Eglises d'Allemagne, afin que
la même requête, présentée par plusieurs
corps ecclésiastiques, produisît une impression plus forte.

Roger, satisfait du résultat de sa mission, en
écrivit à ses amis du Dauphiné. Il leur exprimait, en même temps, le regret qu'avaient
éprouvé les seigneurs de Berne de n'avoir pas
vu signées les lettres qui l'accréditaient auprès
d'eux. M. de Beaulieu et ses amis se hâtèrent
d'écrire au vénérable consistoire de Berne. Ils
lui disaient qu'il se trouvait encore près d'un
million de protestants dans le royaume, et que,
pour l'encouragement et l'édification des troupeaux dispersés, il serait bon qu'un des ministres réfugiés leur adressât chaque mois une
lettre pastorale, à l'exemple de Jurieu. Le célèbre Basnage, qui habitait la Hollande, se

____

(1) Weiss, *Histoire des réfugiés protestants de France*, t. II,
p. 208.

chargea de ce soin. Ils envoyaient aussi un placet pour le ministre d'Etat de Leurs Excellences ; mais « de pieux et habiles politiques, » dit la relation de Vouland, « ne trouvèrent pas à propos de le faire parvenir à son adresse. » Enfin, la lettre parlait en ces termes de Roger : « Permettez, Messieurs, que nous prenions la liberté de vous recommander le sieur Roger dont la piété est si recommandable, et dont le zèle ardent a produit des fruits excellents, dignes de tous vos soins. » Ainsi accrédité, Roger ne resta pas inactif. Il établit un commerce épistolaire entre les protestants de France et ceux du dehors, et trouva même des correspondants jusqu'en Angleterre, grâce à la société établie à Londres, en 1687, pour la propagation de l'Evangile dans les Indes (1), avec laquelle il fut mis en relation. Cet échange de lettres eut des résultats précieux. Il montra aux nations étrangères que les protestants de France n'étaient pas tous fanatiques ou convertis, et que l'arbre de la Réforme poussait encore dans ce pays des jets vigoureux.

L'hiver de 1711 se passa au milieu de ces démarches. Le printemps venu, notre infatigable

---

(1) Sous ce titre, *For promoting christian knowledge*. Elle existe encore aujourd'hui.

évangéliste voulut retourner en France et reprendre le cours de ses travaux. MM. Hollard et de Saussure, dont il appréciait l'amitié et les conseils, l'en dissuadèrent. Ils avaient conçu une estime particulière pour lui, et ils voulaient savoir, avant de lui permettre de les quitter, dans quel état se trouvaient en France les affaires de la religion. Ils craignaient que leur protégé ne courût trop de risques en y rentrant. Ils écrivirent en Dauphiné et on leur répondit qu'il serait prudent que Roger retardât de quelque temps son retour. Sur ces entrefaites, la guerre de Suisse éclata. Elle fut provoquée par l'abbé de Saint-Gall, qui, désireux de suivre l'exemple de Louis XIV et comptant, d'ailleurs, sur l'appui de ce prince, manifesta l'intention d'enlever à ses sujets réformés du Tockenbourg les libertés dont ils avaient joui jusqu'alors. Ces mesures violentes produisirent dans les cantons évangéliques une grande fermentation. De toutes les chaires de Berne, de Zurich, de Genève, de Lausanne, s'élevèrent des prières en faveur des opprimés; « et quand l'excès de l'oppression, » dit M. Weiss, « eut fait éclater la révolte en 1712, Berne et Zurich s'empressèrent de faire cause commune avec les rebelles, tandis que les cinq cantons catholiques se déclarèrent pour l'abbé de Saint-

Gall (1). » Le concours des réfugiés devenait nécessaire aux cantons protestants, et Roger les engagea lui-même à offrir leurs services à leurs bienfaiteurs. Il fut leur intermédiaire auprès du conseil de guerre et les accompagna même, en qualité d'aumônier. « Les réfugiés, » dit l'auteur déjà cité, « payèrent noblement de leur sang l'hospitalité qu'ils avaient reçue, et leur dévouement héroïque contribua à l'heureuse issue de la journée de Villmergen qui contraignit les cinq cantons à signer la paix d'Aarau. »

Après la campagne, M. de Saussure et les autres ministres réfugiés conduisirent Roger auprès de Leurs Excellences qui lui accordèrent des témoignages nombreux de leur bienveillance, puis il fut introduit devant le Consistoire suprême où se trouvait M. Hollard. « Quelles sont vos intentions ? » lui demanda ce vénérable corps. « De poursuivre mes études en vue du ministère, » répondit le prédicant dauphinois, « puisqu'on ne trouve pas à propos que je retourne en France. » Alors on lui dit que Leurs Excellences étaient disposées à pourvoir à son entretien, mais que deux considérations s'opposaient à ce qu'il fût reçu ministre. La première, c'était que Roger, ne connaissant pas les langues ori-

(1) Weiss, ouvrage cité, t. II, p. 234.

ginales des Livres saints, ne pouvait, au terme
des règlements ecclésiastiques, recevoir l'imposition des mains. Comme s'il n'avait pas acquis
ce droit par trois années d'un ministère fidèle,
entouré de périls et accompagné de bénédictions ! On craignait, enfin, si l'on consacrait un
ministre pour la France, de s'attirer des affaires
avec cette redoutable voisine. Roger répondit
avec dignité : « Je ne désire pas qu'à mon occasion l'ordre établi soit rompu, ni que la vénérable république, dont j'ai reçu tant de faveurs,
s'attire le moindre reproche à mon sujet. » Il
resta, néanmoins, près de deux ans encore à
Berne, et profita de son séjour dans cette ville,
fertile en ressources, pour compléter ses connaissances bien imparfaites et prendre quelques
leçons de théologie. Il prêcha même une fois
dans l'Eglise française, sur un texte que lui
donna M. de Saussure.

Les appréhensions de Berne avaient-elles un
fondement sérieux ? La France était-elle aussi
redoutable que Leurs Excellences semblaient
le craindre ? Il est permis d'en douter. Le grand
roi humilié, vaincu, obligé de traiter avec les
puissances protestantes, que la révocation avait
enrichies d'hommes et d'argent, signa, en 1713,
la paix d'Utrecht, qui mit fin à la guerre pour
la succession d'Espagne et fut tout entière au

profit des alliés. C'était l'heure, pour eux, d'élever avec fermeté la voix en faveur de leurs coreligionnaires français et de réaliser ainsi les espérances que Roger et ses amis mettaient dans leur intervention. Mais si les alliés demandèrent quelque adoucissement à leur sort, ce fut timidement et tardivement ; aussi leurs réclamations furent-elles vaines. A peine le roi leur accorda-t-il un semblant de satisfaction en relâchant quelques galériens, à la prière d'Anne, reine d'Angleterre, et les persécutions suivirent leur cours.

Les protestants du Dauphiné, qui avaient député Roger en Suisse, s'adressèrent, en ce temps-là, au professeur Calandrin, de Genève, pour faciliter ce commerce de lettres dont il est parlé plus haut. Ils dissuadaient toujours Roger de rentrer en France à cause des maux sans nombre qu'y souffraient ses coreligionnaires. Roger, qui avait des amis dans le Wurtemberg, se décida à quitter Berne pour se rendre dans ce pays qu'il connaissait déjà. Il fut, d'abord, présenté à Vigier, ministre de Canstadt, près de Stuttgard, et prêcha devant lui un sermon sur un texte donné. Il se rendit ensuite au synode des Eglises françaises de ce pays, qui se tenait à Wirchen, subit un examen devant ce corps ecclésiastique, et, à cause des nombreux témoignages qu'on avait accordés à sa piété, il obtint l'autorisation de prêcher dans les Eglises françaises du pays. C'est là que Roger fit la connaissance d'un Cévenol réfugié, Jean Villeveyre. Né à Fontanieu, dans le diocèse d'Alais, il avait quitté son pays à l'âge de vingt-cinq ans, et, depuis une douzaine d'années, il séjournait en Allemagne. Nous le retrouverons plus tard avec Roger dans le Dauphiné, où, tout en travaillant à son métier de cardeur de laine, il se rendra utile pour l'évangélisation.

Roger, toujours désireux de recevoir l'imposition des mains, prêcha un sermon d'épreuve devant un nouveau synode; mais les mêmes difficultés, que son manque de culture littéraire et théologique avait soulevées à Berne, se renouvelèrent à cette occasion. Ses certificats portaient qu'il était fabricant de bas et qu'il ignorait les langues anciennes. Le commissaire du prince, qui assistait à la séance avec son secrétaire, rapporta ces détails à la cour. Celle-ci trouva mauvais qu'un homme illettré fût admis à remplir les fonctions du ministère évangélique; et un arrêt vint lui défendre de présider aucun culte sous peine d'encourir le mécontentement du prince. Malgré tous ces déboires, Roger ne se décourage pas. Sur sa demande, une requête est présentée à la Cour suprême de justice par les pasteurs français, et, après quatre mois d'attente, il obtient enfin la permission de prêcher dans toutes les Eglises, excepté pourtant celle de Stuttgard, la ville ducale. Notre zélé prédicateur sut mettre à profit cette liberté, et, pendant près d'un an, il annonça le conseil de Dieu dans les chaires qui lui furent ouvertes.

Il allait enfin réaliser son plus cher désir et recevoir l'imposition des mains. Charles Ier, landgrave de Hesse-Cassel, n'avait pas attendu la révocation pour offrir un asile aux Français persécutés pour cause de religion. Dès le mois d'avril 1685, il leur avait adressé un premier appel, et bientôt plus de trois mille réfugiés vinrent peupler et enrichir ses Etats. L'Eglise de Mariensdorf (1), fondée par quelques-uns d'entre eux en 1687, était alors vacante. Elle connaissait de réputation la piété et le zèle de Roger et lui adressa vocation. Une démarche aussi flatteuse qu'inattendue ne lui permit pas de refuser. Claude Rivalier, fils d'un médecin de Nîmes, et chapelain du landgrave, avait entendu prêcher Roger dans le Wurtemberg. Il le pressa d'accepter, en même temps qu'il l'assurait de la bienveillance du prince, et quelques pasteurs français, réunis en colloque, à

____

(1) Weiss, ouvrage cité, t. I, p. 243.

Thiernheim, au nombre desquels se trouvaient deux Arnaud, le père et le fils, Giraud et Olivier, lui imposèrent les mains.

Un événement imprévu empêcha le nouveau pasteur de se rendre à son poste. Louis XIV, que ses contemporains saluèrent du nom de Grand et que nos pères redoutèrent, selon la juste remarque de Saurin, comme « le fléau de Dieu, » venait d'expirer le 1er septembre 1715. La mort de leur persécuteur ouvrirait-elle une ère de repos pour les Eglises de France? Verraient-elles leurs souffrances s'adoucir, et les pasteurs, libres désormais de rentrer dans leur patrie, pourraient-ils y exercer leur ministère sans entraves? Telles étaient les questions que se posait le proscrit, et volontiers il y répondait par l'affirmative. Il se faisait illusion. Quelques mois à peine avant sa mort, le *Vainqueur de l'hérésie*, voulant mériter ce titre jusqu'au bout, couronnait son œuvre par cette incroyable ordonnance : « Seront réputés relaps tous ceux qui déclareront vouloir persister et mourir dans la religion prétendue réformée, *qu'ils aient ou non fait abjuration*, d'autant que le séjour que ceux qui ont été de la religion prétendue réformée. ou qui sont nés de parents religionnaires ont fait dans notre royaume, depuis que nous y avons aboli tout exercice de ladite religion, est une preuve plus que suffisante qu'ils ont embrassé la religion catholique, apostolique et romaine, sans quoi ils n'y auraient pas été soufferts ni tolérés (1). »

Mais cette ordonnance n'eût pas arrêté Roger, lors même qu'il l'eût connue. Il lui était si dur d'être séparé de ses frères! Il se reprochait parfois avec tant d'amertume de les avoir abandonnés à leur triste sort, bien qu'il n'eût prolongé son séjour dans les pays étrangers qu'afin de leur venir plus efficacement en aide! Son ardent désir était de les revoir et de travailler, au milieu d'eux, à relever les murs de Sion. Un seul point l'embarrassait. Qu'allait penser de ce départ subit sa nouvelle paroisse? Mais les explications qu'il lui donna la satisfirent pleinement. Le landgrave, que de tout autres motifs auraient irrité, approuva sa détermination. « Puisqu'il s'agit, » dit-il, « de secourir les fidèles sous la croix, je l'en estime davantage; » et Roger, libre de toute préoccupation à cet égard, reprit le chemin de sa patrie.

(1) Déclaration du 8 mars 1715.

III

1715-1716

Le nouveau pasteur arriva dans le Dauphiné à la fin de l'automne de 1715. Il se rendit d'abord auprès de ceux qui l'avaient envoyé à Berne. Il les salua de la part des ministres réfugiés, leur exposa le résultat de ses démarches et ne leur cacha point le déplaisir qu'il avait éprouvé, en voyant qu'ils s'étaient prononcés pour son séjour prolongé en Suisse et en Allemagne. Ils l'assurèrent que leur but, en agissant ainsi, avait été de ne pas l'exposer à de trop grands dangers, et le pasteur leur rendit sa confiance et son affection.

Pendant son absence, de nouveaux ouvriers étaient entrés dans son champ de travail. Meffre s'était adjoint Pierre Chabrières dit Brunel, prédicateur du Vivarais. Plus d'une fois le jeune Antoine Court avait traversé le Rhône, à la suite de ce dernier, et il lui était arrivé, dans le Dauphiné, plus d'une curieuse aventure (1). Corteiz, arrivé récemment du Languedoc, Rouvière et Montbonnoux, parcouraient aussi la province et présidaient des assemblées. Corteiz, dont le vrai nom était Pierre Carrière, était né au hameau de Nozaret, paroisse de Castanier, dans les Cévennes. Bien jeune encore il trouva dans les écrits de Pierre Dumoulin, le célèbre controversiste, un aliment solide pour sa foi, et poussé « par la force et par les lumières du Saint-Esprit, » comme il le dit lui-même, il s'était mis à prêcher à la grande joie des fidèles et au grand déplaisir des prophètes qu'il ne ménageait point. Rouvière dit Crotte, beaucoup plus jeune que lui, avait le même caractère résolu. Arrêté en 1719, il répondit aux soldats « qu'il était enfant de Dieu et prédicateur de l'Evangile du Christ. » Condamné aux galères par l'intendant de Montpellier, il devait recouvrer plus tard sa liberté et

____

(1) Voir Edmond Hugues, *Antoine Court,* t. II, p. 4.

rendre encore plus d'un service signalé aux Eglises. Quant à Montbonnoux, son histoire est remplie de péripéties émouvantes. Il avait été brigadier dans la troupe de Cavalier, et il fut le dernier chef des Camisards. Après la soumission de l'ancien pâtre de Ribaute et la mort de Roland, il s'était résolu à continuer la lutte « jusqu'à ce qu'il plût au Seigneur d'accorder la délivrance à son Eglise. » Mais il ne fut pas soutenu. Activement poursuivi, il n'échappa que par miracle aux plus minutieuses recherches. Plus tard il déposa les armes, et, de soldat résolu qu'il était, devint un prédicateur plein de zèle (1).

Roger fut heureux de rencontrer ces compagnons d'œuvre. Ils éprouvèrent bien des fois, lorsqu'à travers mille difficultés ils pouvaient se rencontrer dans un lieu sûr, les douceurs de la communion fraternelle. Les maux de l'Eglise éveillaient leur sollicitude et faisaient le sujet ordinaire de leurs entretiens. Roger pensait, avec raison, qu'il fallait rétablir l'ancienne discipline, organiser des consistoires, tenir des synodes, et il espérait qu'avec l'aide de Dieu et en concertant leurs efforts, ils ver-

(1) Voir ses curieux Mémoires, *Bulletin*, t. XXII, p. 72 et suiv.

raient bientôt l'état des choses s'améliorer. Les fidèles, qui n'avaient pas eu de pasteurs depuis trente ans, apprenant qu'il était régulièrement consacré, assistaient en foule à ses prédications. Il conseilla à Corteiz, le mieux doué de ses collaborateurs, de suivre son exemple. Ce ne fut que deux ans plus tard que ce dernier, cédant aux conseils réunis de Roger et d'Antoine Court, alla demander à la classe de Zurich l'imposition des mains. A son retour il consacra Court dans un synode, et c'est ainsi que fut rétablie la filiation de l'ordination, suivant la règle apostolique, pour la France réformée.

L'hiver de 1715 se passa pour Roger dans des travaux missionnaires, et, au printemps de l'année suivante, il résolut d'accomplir le voyage du Languedoc, que les circonstances avaient entravé sept ans auparavant. Il lui tardait de revoir sa famille. Brunel l'accompagna ; mais ils ne devaient réaliser leur projet qu'au milieu des plus grands périls. Un jour, à Saint-Pons, ils sont à dîner dans une maison ; un catholique les reconnaît et court avertir le curé, qui les fait espionner par sa servante. Roger, intrigué par les allures suspectes de cette femme, pressent un danger et donne à Brunel le signal du départ. Bien leur en prit. Peu d'instants après, comme ils le surent plus tard, cinquante personnes en armes avaient cerné la maison.

Ils traversèrent Villeneuve-de-Berg, la patrie d'Olivier de Serres et d'Antoine Court, sans mésaventure ; mais de nouveaux dangers les attendaient à Lagorce. Ils étaient dans une auberge, lorsqu'un sergent s'approche et vient causer avec eux. Ils maîtrisent leur émotion, lui répondent avec calme, et le soldat leur raconte qu'il est venu arrêter, à la tête d'un détachement, les passants étrangers. A Vallon, nos voyageurs rencontrent encore dans les rues de nombreux uniformes. Brunel pâlit d'effroi ; son compagnon, plus aguerri, le rassure et lui dit de marcher hardiment. Ils entrent dans un cabaret ; l'aubergiste reconnaît Brunel ; heureusement c'était un homme sûr. « Imprudents, » leur dit-il, « pourquoi vous exposer de la sorte ? Je serais désolé qu'il vous arrivât le moindre accident ; mais si vous étiez entrés dans la salle à côté, où se trouvent plusieurs officiers, vous auriez été infailliblement arrêtés. » Ils ne purent, toutefois, éviter d'être aperçus ; mais, payant d'audace, ils traversèrent de nouveau, sans être inquiétés, les attroupements de soldats. Ils n'étaient pas pour cela au bout de leurs aventures ; et c'est après avoir couru encore plus d'un péril qu'ils purent descendre à Uzès, et de là se rendre à Nîmes. C'est dans cette ville que Jacques Roger rencontra pour la première fois Antoine Court.

Celui qui devait travailler avec tant de succès à la réorganisation des Eglises du Désert n'était alors qu'un jeune homme de vingt ans ; mais déjà son nom était célèbre parmi ses coreligionnaires, et de grandes espérances reposaient sur lui. Le jeune Cévenol ne les démentit pas. Homme de tête et de cœur, de mœurs irréprochables et d'une austère piété, il rachetait par un jugement sain et une vive intelligence, l'instruction qui lui manquait et que, du reste, il sut acquérir plus tard. Touché, comme Néhémie, de l'état désolé de la Sion protestante, il résolut, avec le secours du Seigneur, de la relever de ses ruines. Pour arriver à ce but, il ne s'épargna aucune fatigue. Il dut lutter contre l'ignorance des uns et les préventions des autres. Sa foi et son courage inébranlable triomphèrent de toutes les difficultés. Tour à tour prédicateur éloquent, missionnaire infatigable, habile organisateur, négociateur que rien ne rebute, il rallume le zèle refroidi, rétablit la discipline de l'Eglise, dresse des consistoires, réunit des synodes, rédige des placets, attire sur ses coreligionnaires l'attention et la sympathie des cours protestantes, devient l'âme du séminaire de Lausanne, où se préparent, sous ses yeux, pour la vocation du martyre, des jeunes gens qu'il arrache lui-même à la charrue ou à l'atelier, et mérite, par son activité infatigable et les beaux succès qui la couronnent, le nom qui lui est resté de Restaurateur du protestantisme français.

Dès leur première entrevue, ces deux hommes, si bien faits pour se comprendre, éprouvèrent l'un pour l'autre une vive sympathie. C'était le même esprit qui les animait, et cette réorganisation de l'Eglise, que Court devait accomplir en Languedoc et dans les Cévennes, Roger l'avait déjà commencée sur des bases identiques dans le Dauphiné. Ils mirent en commun leurs lumières, résolurent de concerter leurs efforts, et le jeune homme ne craignit pas de demander des conseils au pasteur plus âgé, qui vit, à son tour, dans la piété et la vive intelligence d'Antoine Court un gage de prospérité future pour les Eglises. « Mais il fallut, » dit M. E. Hugues, « s'arracher aux douceurs de cette amitié naissante. L'Eglise réclamait les soins de ces deux apôtres ; ils se séparèrent (1). »

Roger se rendit à Boissières pour visiter ses

(1) Ouvrage cité, t. 1, p. 39.

parents. Que de changements survenus depuis vingt ans qu'il les avait quittés ! Plusieurs places étaient devenues vides au foyer domestique. La persécution avait dispersé au loin les membres de sa famille et ses anciens amis. Il se trouvait comme étranger dans les lieux qui l'avaient vu naître. Aussi, le cœur rempli d'amertume, il ne prêcha que deux fois dans ces contrées et il abrégea un séjour qui réveillait en lui de si douloureux souvenirs, pour retourner au milieu de ses Eglises.

Pour faire le trajet avec moins de risques, Roger et Brunel prirent la grande route avec des voituriers. Ils se séparèrent dans le Vivarais, et Roger. obligé d'attendre, au Pouzin, le batelier qui devait le conduire sur l'autre rive du Rhône, passa une demi-heure au milieu de gardes qui avaient son signalement avec l'ordre de l'arrêter ; mais Dieu lui donna, jusqu'à la fin de son voyage, des marques signalées de sa protection et le mit encore une fois à couvert de ses ennemis.

Au mois d'août, Corteiz, qui avait séjourné quelque temps en Suisse auprès de sa femme, revint dans le Dauphiné. Un nouvel ouvrier, nommé Bouteau, ne tarda pas à l'y suivre. Ils s'entendirent, avec Roger et quelques autres prédicateurs, pour la convocation d'un synode

provincial qui se tint au désert le 22 août 1716.
Il se composa d'un pasteur, de six proposants
et d'un certain nombre d'anciens. On y vota
plusieurs mesures, que les progrès déjà réalisés
rendaient indispensables, et qui devaient en
provoquer de nouveaux : la régularité des services, la catéchisation des enfants, les dévo-
tions particulières, la répréhension publique
des pécheurs scandaleux. On rappela aux prédicateurs le soin qu'ils devaient apporter dans
l'exercice de leurs fonctions, le devoir pour
eux de se réunir tous les six mois afin de s'entretenir des visites faites aux malades, des secours distribués aux indigents, des progrès du
réveil religieux au sein des troupeaux. On le
voit, rien n'est oublié pour assurer le succès
de la restauration du protestantisme, et un article spécial vise plus directement le fanatisme :
« On doit écouter la Parole de Dieu comme
la seule règle de notre foi et, en même temps,
refuser toute prétendue révélation dans laquelle
nous n'avons rien qui puisse soutenir notre foi,
et, à cause des grands scandales qui sont arrivés dans notre temps, les pasteurs seront obligés d'y veiller avec soin (1). »

(1) Les prédicateurs présents à ce synode, le premier qui se
tint dans le Dauphiné depuis la révocation, et dont, pour ce
motif, nous reproduisons les articles dans l'appendice I, furent

C'est ainsi que l'Eglise réformée renaissait peu à peu de ses cendres et reprenait conscience d'elle-même. C'est en vain qu'un misérable traître, nommé Lapise, voulut attirer dans un guet-apens les membres du synode en les invitant à dîner; ils déjouèrent sa ruse, et lorsque leurs travaux furent terminés, ils ne se séparèrent pas sans avoir raffermi leurs espérances et resserré les liens qui les unissaient à Christ et à leurs frères, en célébrant ensemble la cène du Seigneur.

Roger et Bouteau, du Dauphiné; Corteiz et Montbonnoux, du Languedoc; Brunel et Rouvière, du Vivarais; plus un prédicateur inconnu.

IV

1716-1718

Après le synode , Roger recommença avec un nouveau zèle ses courses dans le Dauphiné. Nous le trouvons d'abord à Sainte-Croix, près de Die, où il préside une assemblée avec Rouvière. Cette réunion est découverte, et le prieur de l'endroit, à la tête de dix à douze de ses plus fanatiques paroissiens, arrive pour la dissoudre. Roger était en vue. Debout au pied d'un arbre dont les rameaux le protégeaient contre les rayons du soleil, il exhortait de là ses paroissiens. Le valet du prieur vise le pasteur, mais son maître le retient. Il était à portée d'entendre Roger et « trouvait qu'il ne débitait pas mal sa morale. » Il fait arrêter cependant quelques personnes, mais l'assemblée surprise fait bonne contenance. Roger groupe autour de lui les plus forts, après avoir commis les autres à la garde des femmes, puis ils s'élancent à la rencontre des catholiques, et, quoique sans armes, ils mettent, par leur ferme attitude, leurs ennemis en fuite. Le prieur et ses hommes rentrent en toute hâte dans le village et se barricadent dans leurs maisons, craignant une attaque des protestants ; mais ceux-ci, tout heureux de voir leur plan si bien réussir, ne songèrent qu'à se mettre en sûreté.

Nos intrépides prédicants traversèrent ensuite les montagnes et se rendirent dans le Trièves. Meffre les y avait précédés ; mais ses prédications avaient provoqué une recrudescence de persécution ; on avait arrêté plusieurs fidèles, et ses collègues furent obligés de revenir sur leurs pas sans avoir pu tenir des assemblées. Ils passèrent par Châtillon, bourg à quelques kilomètres de Die. Une compagnie de grenadiers y était logée chez leurs coreligionnaires. Le réveil religieux de ces contrées avait provoqué ces nouvelles dragonnades. Roger et son compagnon durent se remettre en marche et voyager toute une nuit avec la pluie sur le corps. Ils traversèrent la Drôme et entrèrent dans l'auberge d'un village pour dîner. Un cavalier de mauvaise mine s'entretenait avec l'hôte et le questionnait au sujet de Meffre. Lorsqu'il fut parti, ils apprirent que cet homme avait causé beaucoup de troubles à Châtillon et dans les environs, et qu'il devait aller, à la tête d'une compagnie de soldats, à la recherche de leur ami dans la vallée de Bourdeaux. Ils partent aussitôt pour l'avertir et ont le bonheur d'arriver à temps. Meffre se tint sur ses gardes, mais sa maison fut démolie.

Roger et Rouvière avaient soin, partout où ils passaient, de faire observer les décisions du synode. Ils engageaient, autant qu'ils le pouvaient, les chefs de famille et les hommes les plus sensés à former des consistoires et à se soumettre à l'ordre établi, et ils eurent la joie de voir qu'on suivait partout avec empressement leurs conseils.

Vers la fin d'octobre, ils rencontrèrent, aux environs de Valence, Villeveyre, qui avait quitté le Wurtemberg, à la prière de Roger, pour venir partager ses travaux dans le Dauphiné; c'était une recrue précieuse, car, à cette époque, Corteiz, Rouvière et Montbonnoux quittèrent cette province pour s'établir définitivement en Languedoc et seconder Court qui manquait de collaborateurs.

Ce fut dans ce temps-là que Roger reçut la visite d'un jeune homme qui devait travailler, avec le plus grand succès, au relèvement des Eglises du Vivarais. Pierre Durand était né le 12 septembre 1700, au hameau du Bouschet, paroisse de Pranles, dans le Vivarais. Son père, Etienne Durand, était greffier consulaire, et destinait son fils au barreau. Mais celui-ci, témoin d'une scène de violence provoquée par les dragons, qui vinrent dissoudre, dans la maison paternelle, une assemblée qu'ils l'accusaient à tort d'avoir présidée, et sachant d'ailleurs qu'il était décrété de prise de corps par l'intendant de la province, résolut de fuir la persécution et de passer à l'étranger. Il fut heureux d'apprendre qu'il se trouvait dans le Dauphiné un pasteur qui avait longtemps habité la Suisse. Il voulut le voir, avant de partir, pour lui demander des lettres de recommandation. Brunel l'accompagna, et c'est dans une maison isolée dans la campagne qu'eut lieu son entrevue avec Roger. Durand n'avait que seize ans ; mais l'épreuve avait mûri sa foi et il possédait déjà l'expérience d'un homme fait. Roger eut bien vite reconnu chez lui de précieuses dispositions pour le ministère évangélique qu'il le pressa fortement d'embrasser. Le jeune Vivaraisien suivit son conseil; il se livra dans ce but à des études préparatoires, sous la direction de Roger, qu'il accompagna quelquefois dans ses courses en qualité d'étudiant *ambulant*, et nous verrons plus tard l'apôtre du Dauphiné le consacrer au saint ministère.

Durand, de retour dans le Vivarais, envoya plusieurs exprès dans le Dauphiné, pour mettre en garde Roger contre les menées du traître Lapise, le même qui avait dressé un guet-apens aux membres du synode. Il venait de faire arrêter Bernard, proposant du Vivarais, et un fidèle nommé Maisonnier; mais il n'était point satisfait, aussi longtemps qu'il ne tenait pas Roger dans ses filets. Posté à Chabeuil, d'où il surveille tous les alentours, il apprend que Villeveyre est arrivé et qu'il accompagne Roger. Il se fait aussitôt conduire auprès d'eux par une jeune fille. Son dessein est habile : simulant le plus profond repentir et le visage inondé de larmes, il demande en grâce au pasteur de le prendre avec lui et de lui procurer les secours de son ministère, afin qu'éclairé complètement sur les erreurs de l'Eglise romaine, il puisse se convertir au protestantisme. Roger le regarde en face comme pour lui faire comprendre qu'il a démasqué sa ruse; il cherche à éveiller quelques remords dans cette conscience endurcie ; il lui rappelle les jugements de Dieu, qui ne peuvent manquer de fondre sur lui, s'il ne change de conduite, et, malgré les larmes et les supplications du traître, il rejette sa demande et a soin de mettre les fidèles en garde contre ses odieuses menées.

Ceux qui faisaient agir Lapise, apprenant l'insuccès de ses démarches et voyant que la ruse ne pouvait réussir, eurent recours à la violence. Ils s'adressèrent au comte de Médavid, commandant de la province, qui envoya, en janvier 1717, trois compagnies du régiment du Dauphin dans les environs de Valence et du côté de Die et de Bourdeaux, en ayant soin de les faire loger chez les protestants. Les soldats couraient d'un endroit à l'autre, dans le but de faire sortir du royaume les prédicants ; et le malheureux Lapise se tenait aux Echelles, dans les Etats Sardes, pour les arrêter au passage. Heureusement que pas un ne songea à quitter son poste.

Toutefois, leur position devenait de plus en plus précaire. Chose pénible à dire, leurs coreligionnaires ne leur offraient pas toujours l'asile dont ils avaient besoin, et des détachements *roulaient* toutes les nuits pour les surprendre.

Pour mieux les éviter, Roger et Villeveyre prirent le parti de les suivre, s'arrêtant lorsqu'ils s'arrêtaient, continuant à marcher lorsque les soldats reprenaient leur course. Une fois ils durent passer trois semaines dans un bois. C'était pendant l'hiver, et il tomba presque sans interruption une pluie froide qui glaçait leurs membres. Privés de vêtements confortables, exténués de fatigue et de faim, ces hommes intrépides furent sur le point de se laisser abattre : « Avouons-le, » s'écria Villeveyre, dans une heure de découragement, « notre position est bien triste ! » Mais ils puisèrent bientôt des forces nouvelles dans la prière et la lecture de la parole de Dieu.

Le comte de Médavid avait donné l'ordre à ses troupes de ne point déloger de chez les réformés, qu'ils n'eussent auparavant promis de ne plus retourner aux assemblées, et de dénoncer même les prédicants s'ils les découvraient. Une seule Eglise refusa de prendre une semblable délibération. Elle courait le risque, qui heureusement lui fut épargné, de voir tous ses membres jetés en prison. Mais la lâcheté des autres causa à leurs conducteurs spirituels la plus profonde douleur. C'est alors que leur œuvre leur parut sérieusement compromise. Ils n'osaient plus rappeler les décisions prises dans le premier synode ; les assemblées étaient suspendues, et, en attendant des jours meilleurs, ils n'avaient plus qu'une ressource : lever les yeux vers la montagne d'où leur viendrait le secours.

Cependant les soldats se retirèrent, et les fidèles reprirent courage. Roger et ses collègues visitèrent ceux que les menaces n'avaient pu fléchir ; ils tinrent de petites assemblées, et peu à peu ils purent rétablir les affaires dans leur premier état.

Mais ils avaient toujours à surmonter de nouvelles difficultés. A cette époque, une malheureuse fille, qui avait pris des vêtements d'homme, chercha à les trahir. Ayant trouvé Martel, elle lui offrit ses services et lui parla avec sympathie de Roger. Il se laissa prendre à ses paroles et la conduisit auprès de son collègue. Roger n'avait pas une grande confiance dans les inconnus ; les dangers quotidiens auxquels il était exposé le rendaient très circonspect à leur égard. Il demanda son nom à cette personne, qui se mettait à sa disposition avec tant de désintéressement. « Je suis de Châteaudouble, » répondit-elle, « et je m'appelle Tourte. » Roger connaissait ce village et la plupart de ses habitants. Aussi n'eut-il pas de peine, au moyen de questions habilement posées, à convaincre ce personnage d'imposture. Cette fille ne continua pas moins de les espionner plus de huit jours encore, puis elle perdit leurs traces. Quelque temps après, elle fut prise en flagrant délit de vol. Elle avoua son sexe en même temps que la mission qu'elle avait reçue de vendre les ministres. Cette noble fonction plaida en sa faveur. Le châtelain de l'endroit la relâcha, et défendit, avec les plus grandes menaces, de lui faire aucun mal.

Ces dangers sans cesse renouvelés engagèrent Martel à passer la frontière. Meffre, qui avait jusqu'alors évangélisé avec beaucoup de zèle, causa une vive peine à ses amis. Il se livra à la boisson malgré les répréhensions fraternelles de Roger et de quelques anciens, et on dut le démettre de sa charge de proposant. Brunel et Durand traversaient quelquefois le Rhône pour visiter leurs frères du Dauphiné, mais à de longs intervalles; l'œuvre de restauration sur la rive droite du fleuve réclamait tous leurs soins. Seuls, Villeveyre et Roger exerçaient un ministère suivi dans la province; encore le premier ne faisait-il que lire dans les assemblées, expliquer le catéchisme aux enfants et diriger le chant des psaumes. Toute la fatigue de la prédication retombait sur Roger; mais ils rachetèrent leur insuffisance et leur petit nombre par une activité infatigable. Des frontières du comtat Venaissin aux bords de l'Isère, et depuis Die jusqu'à Valence, ils visitaient les Eglises, encourageant les faibles, ramenant les égarés, présidant de nombreuses assemblées en plein air ou dans quelque maison retirée, et réalisant ainsi la parole du prophète : « Qu'ils sont beaux sur les montagnes les pieds de ceux qui annoncent de bonnes nouvelles, qui procurent la paix et qui disent à Sion : Ton Dieu règne ! »

V

1718-1719

Villeveyre fut reçu proposant et commença de prêcher en 1718. A cette époque Martel revint en France et nos trois prédicants recommencèrent leurs courses d'évangélisation. C'est aux environs de Bourdeaux qu'ils trouvèrent l'accueil le plus empressé. Pendant six mois ils convoquèrent, tant de jour que de nuit, de nombreuses assemblées qui réunissaient parfois de quatre à cinq mille personnes. On s'y rendait de Bourdeaux, de Saôu, de Poët-Célard, de Bezaudun, des Tonils, de Crupies et même de localités plus éloignées, telles que Vesc, Orcinas, Poët-Laval, Dieu-lefit. Mais, quelques recommandations que fissent Roger et ses collègues, les fidèles manquaient trop souvent de prudence. Ils se disaient ouvertement, les uns aux autres, les lieux de réunion; aussi plusieurs catholiques assistèrent à leurs exercices de piété, quelques-uns par simple curiosité, mais le plus grand nombre dans un but évident d'espionnage.

L'agitation produite par ces assemblées ne pouvait manquer de donner l'éveil aux autorités. Les prêtres des environs les exploitèrent contre les protestants en les représentant comme des foyers de révolte. De Reinier, avocat au parlement de Grenoble, écrivit de son côté à la cour plusieurs lettres alarmantes qu'il fit signer au marquis de Vachères, gouverneur de la tour de Crest, ainsi qu'à plusieurs autres commandants de places du Dauphiné. Elles portaient qu'il s'y faisait de grands attroupements de religionnaires en armes, et que, sous prétexte de religion, ils ne cherchaient qu'à fomenter des soulèvements. Pour donner quelque créance à ces calomnies, le gouverneur d'Avignon annonçait à la cour qu'on avait expédié du Comtat plus de six mille fusils et plusieurs quintaux de poudre pour la vallée de Bourdeaux. Le châtelain de cet endroit, appelé devant le parlement, « bien loin, » dit Vouland, « de justifier l'innocence, grossit le mal. » C'était un complice de l'avocat. D'ailleurs, nouveau converti, il avait à cœur de se faire pardonner, par le zèle qu'il déployait contre ses anciens coreligionnaires, le crime d'avoir été protestant. Enfin la cour, qui, paraît-il, ne voulait agir qu'à bon escient, envoya un hoqueton dans la province pour s'éclairer sur l'importance de ces bruits. De Reinier ne lui permit pas de recueillir, ailleurs qu'auprès de lui, des informations, et les insignes calomnies de l'avocat portèrent leurs fruits.

Au mois de janvier 1719, le comte de Médavid envoya à Bourdeaux un bataillon du régiment de Navarre renforcé d'un grand nombre de catholiques zélés. Les soldats arrivèrent le 13 près du village ; aussitôt ils préparent leurs armes et s'apprêtent à recevoir les habitants avec une forte décharge de mousqueterie ; mais il ne se présente que quelques personnes inoffensives, au nombre desquelles M. de La Condamine, riche bourgeois du lieu, qui, bien loin de les attaquer, les accueillent avec bienveillance et les logent chez elles (1). Cette

---

(1) Les catholiques n'en firent pas moins courir le bruit que les protestants avaient écorché vif un prêtre et qu'ils avaient cloué sa peau à la porte de l'église.

conduite, bien faite pour désarmer des ennemis moins acharnés, exaspère les soldats. Ils traitent la vallée de Bourdeaux en pays conquis, maltraitant les hommes, faisant subir aux femmes les derniers outrages, et menaçant Bourdeaux, non seulement du pillage, que les catholiques des environs attendent avec impatience, mais encore d'un massacre général.

C'étaient bien là les ordres qu'avait donnés le comte de Médavid, commandant de la province. Heureusement que M. de Mettral, lieutenant-colonel du bataillon, conservait encore quelques sentiments humains et qu'il en tempéra la rigueur. Touché des souffrances de ce pauvre peuple et témoin de sa soumission, il écrivit à la cour que le roi n'avait pas dans tout le royaume de sujets plus fidèles. Il reçut néanmoins l'ordre de démolir soixante et douze maisons de la vallée, mais huit seulement furent sacrifiées.

Elles furent démolies le dimanche, 29 janvier, afin de consterner davantage les habitants. Les protestants eux-mêmes durent prêter leurs mains à cet acte de barbarie, sous peine de la potence. Les propriétaires qui ne se doutaient de rien ne purent rien emporter, et perdirent tous leurs effets. Voici les noms de quelquesuns d'entre eux dont les descendants habitent encore les mêmes communes : David Noyer, de Bourdeaux ; Daniel Borne, Alexandre Mailhet, Antoine Marcel, Abraham Barnier, de Crupies ; Brunet, de Vesc ; Jean Bosméan, d'Orcinas.

Quand les troupes arrivèrent à Bourdeaux, un brouillard épais couvrait la vallée. Il favorisa l'évasion des plus compromis. Deux ou trois seulement furent arrêtés : Alexandre Mailhet et Antoine Marcel, ainsi que la veuve Bouchet, du Poët-Célard (1). Le comte de Médavid triomphait ; son expédition avait eu tout le succès désirable, et ce soulèvement, qui n'avait existé que dans son imagination, avait été promptement réprimé. « J'espère, » écrivait-il le 9 février à l'évêque de Gap, « que le châtiment que je viens de faire à ceux de la vallée de Bourdeaux servira d'exemple à tous ceux de la province, et qu'ils se comporteront de manière à ne pas attirer chez eux nos missionnaires (2). » Etranges missionnaires, en vérité, que ces convertisseurs qui employaient le fer et le feu pour démontrer l'excellence des dogmes catholiques ! Encore y perdaient-ils leur

(1) Ils furent, quelque temps après, remis en liberté sans condition.

(2) Charronnet, *Les guerres de religion et la société protestante dans les Hautes-Alpes*, p. 494.

temps et leur peine. Ils ne purent entraîner que trois ou quatre protestants à la messe, tandis qu'un nombre à peu près égal de catholiques renoncèrent aux erreurs de l'Eglise romaine (1).

Les troupes séjournèrent trois semaines dans les environs de Bourdeaux. Elles y firent pour soixante et dix à quatre-vingt mille livres de frais. « Mais alors, » ajoute Vouland, « comme du temps des premiers chrétiens, ceux qui avaient de l'argent en offraient à ceux qui n'en avaient plus, de sorte que personne ne fut dans la disette. » On avait même fait une collecte de trois à quatre mille livres, que l'on voulut offrir comme présent au chef du bataillon dont l'intervention les avait garantis du pillage et du massacre, mais il les refusa noblement. Plus tard, il plaida la cause des réformés de Bourdeaux à Versailles, et il fut récompensé pour avoir prévenu la ruine de ce pays. Il paraît

(1) « Un auteur contemporain affirme, comme un fait bien connu des protestants et des catholiques eux-mêmes de la vallée de Bourdeaux, que le curé de Crupies, qui avait poussé l'avocat de Reinier, répondit, en mettant la main sur sa joue, aux protestants qui lui reprochaient d'avoir attiré sur eux ces malheurs : « Je souhaite que tout le mal que j'ai fait retombe sur ma tête! » et qu'aussitôt il sentit sous sa main un mal sourd, qui dégénéra bientôt en cancer et le conduisit au tombeau deux ou trois années après, au milieu d'atroces souffrances » (Arnaud, ouvrage cité, t. III, p. 131).

même que la cour, reconnaissant l'injustice des mesures prises contre les habitants de Bourdeaux, envoya au parlement une gratification pour les dédommager de leurs pertes; mais le parlement de Grenoble la garda pour lui.

Il suffit d'un an aux laboureurs de cette vallée pour réparer les pertes qu'ils avaient subies. « La cherté du blé était fort grande dans les environs, » poursuit le pieux narrateur qui nous fournit ces détails, « et eux en eurent la moitié plus qu'à l'ordinaire, à cause d'une pluie accompagnée de la bénédiction de Dieu dont les autres furent frustrés. J'ai entendu dire à des personnes de cet endroit qu'un homme, qui avait d'ordinaire cinquante setiers, en eut cette année-là plus de cent. Cela montre que Dieu prend soin de ses fidèles, et que si nous perdons quelque chose pour l'amour de lui, il ne manque pas de nous en dédommager avantageusement. »

Que faisaient, pendant ce temps, Roger et ses compagnons d'œuvre? Ils se trouvaient, à l'arrivée des troupes, à l'extrémité de la vallée. Avertis, par des exprès, du danger qui les menace, ils partent aussitôt, et, pour éviter un passage qu'ils supposent gardé par les soldats, ils ne craignent pas de traverser une haute montagne et de s'engager dans des sentiers impraticables où ils ont de la neige jusqu'aux genoux. Il est facile ,de se représenter leurs perplexités et leurs souffrances. Ils se demandent si l'on va faire courir après eux des détachements comme dix-huit mois auparavant, et le plus souvent ils ne savent où trouver un gîte pour la nuit. Cependant au milieu de leur détresse, ils n'oublient pas leurs frères plus infortunés. Dans les rares assemblées qu'ils président encore, ils font des collectes pour ceux dont les maisons ont été démolies, et, dès que les soldats se seront retirés, ils iront consoler leurs paroissiens dans le dénûment et leur apporter les offrandes des Eglises. Conduite touchante qui nous éclaire sur la profondeur de leur vie chrétienne ! Ils avaient appris du Maître à s'aimer et à porter le fardeau les uns des autres.

VI

1719-1724

A ce point de notre récit, il ne sera pas
sans intérêt de voir l'œuvre accomplie par Roger et ses compagnons d'œuvre appréciée par
l'un de leurs plus chauds adversaires, Fontanieu, l'intendant de Grenoble. Voici comment
il parlait, à cette époque, des protestants du
Dauphiné, dans un rapport qu'il fit parvenir à
Versailles et que nous résumons : « Malgré la
désertion provoquée par la révocation de l'édit
de Nantes, il y a environ un quart de la popu-

lation du Dauphiné qui est très entêtée de ses
erreurs. Les protestants sont cependant tranquilles, et ils n'ont pas tenté de se souleve[r]
dans deux circonstances assez critiques : la première en 1692 quand le duc de Savoie prit Em-
brun et vint brûler Gap, et la seconde au moment de la dernière guerre des Cévennes.

» On les appelle nouveaux convertis ; mai[s]
rien ne peut les obliger de faire un acte de ca-
tholicisme. Ils refusent d'envoyer leurs enfant[s]
aux instructions, et s'il fallait sévir contre tou[s]
les relaps, on ferait autant d'exemples qu'il y [a]
de gens infectés de l'erreur. Ils prometten[t]
tous de faire abjuration au moment de leu[r]
mariage ; mais le zèle aveugle et presque toujours excessif des curés les rebute et les oblige[,]
ou bien à vivre dans le concubinage ou, bien [à]
aller se marier devant les ministres.

» Ils envoient, autant qu'ils le peuvent, ca[r]
on les en empêche, leurs enfants à Genève
pour les faire instruire, et ces enfants reviennent ensuite répandre le poison dont ils ont été
nourris et des livres détestables qui servent [à]
entretenir l'erreur.

» Mais ce qui contribue le plus à favoriser
l'instruction des protestants, ce sont les prédicants. Ces hommes fainéants et libertins viennent dans la province sous le prétexte d'un

zèle apostolique. Une ou deux assemblées leur suffisent pour amasser une somme considérable, par des quêtes présentées sous le voile de charité pour de pauvres frères honteux. Ces assemblées se tiennent dans les lieux écartés des bois et dans les cavernes des rochers, et le temps en est ordinairement les fêtes de Pâques et de la Pentecôte, ou le mois de septembre, temps auquel les religionnaires prennent la cène. La moitié au moins de la noblesse est infectée de l'erreur et on ne peut pas espérer de la ramener parce qu'elle se croit plus instruite. Cependant, ni la noblesse ni même les gens au-dessus du commun, n'assistent jamais aux assemblées. Ils savent que les ministres de la religion prétendue réformée (1) n'approuvent pas la mission des prédicants. La noblesse est même très attachée aux intérêts du roi ; et les nobles engagent leurs vassaux à faire instruire leurs enfants. Le secret pour les assemblées est gardé avec une si grande fidélité, qu'on ne pourrait pas présumer tant de constance de gens qui sont la lie du peuple. Tel est l'état présent et général des religionnaires (2). »

On le voit, malgré les insinuations calom-

---

(1) Il s'agit des pasteurs réfugiés.
(2) *Revue du Dauphiné*, t. III, p. 359 et suiv.

nieuses de l'intendant, cette situation des Eglises ne manquait pas d'être satisfaisante, et faisait le plus grand honneur au zèle apostolique de Roger et de ses collègues. Si du moins, en voyant l'insuccès de tous les moyens employés pour ramener les protestants, on avait cru à la pureté des intentions de leurs conducteurs spirituels ! Ces pasteurs, qu'on traque comme des malfaiteurs, qu'on a le triste courage d'appeler « fainéants et libertins, » ne songent qu'à nourrir leurs troupeaux du pain de vie, et ne prêchent partout que l'obéissance au prince qui les persécute et qui demeure pour eux l'oint du Seigneur. Un mot résume leurs exhortations : « Rendez à César ce qui appartient à César et à Dieu ce qui appartient à Dieu. » Et pourtant, ces hommes, qui n'ont d'autre souci que celui d'édifier leurs frères, apparaissent à leurs persécuteurs, par un juste châtiment de Dieu, comme des perturbateurs de la tranquillité de l'Etat, des séditieux dont il faut se méfier et se débarrasser à tout prix. Ces craintes étranges allaient se manifester avec force à l'époque ou nous sommes arrivés.

Le cardinal Albéroni, ministre de Philippe V, roi d'Espagne, rêvait pour ce prince la domination universelle. Un alliance défensive fut conclue entre l'Angleterre, la Hollande et la

France pour entraver ses projets ambitieux. L'habile ministre résolut, pour opérer une utile diversion, de rallumer la guerre des Camisards. Il fit dans ce but des propositions à Antoine Court et à ses collègues, qui les repoussèrent noblement. Le cardinal Dubois, inquiet de ces démarches, chargea Basnage de rédiger une instruction pastorale, pour exhorter ses coreligionnaires à demeurer soumis aux puissances établies.

Basnage entra dans les vues du cardinal. Retiré à La Haye depuis la révocation, le célèbre pasteur de Rouen avait réalisé ce mot de Voltaire, « qu'il était plus propre à être ministre d'Etat que d'une paroisse. » C'était lui qui avait ménagé, entre les trois puissances, l'alliance dont nous venons de parler ; et, le 19 avril 1719, il fit paraître son *Instruction pastorale sur la persévérance en la foi et la fidélité pour le souverain.*

C'est avec une réelle sympathie que le réfugié parle à ses coreligionnaires, et la plupart de ses conseils, marqués au coin du bon sens et d'une profonde piété, durent leur paraître excellents. Toutefois, le pasteur de La Haye, entouré de respect et d'affection dans sa nouvelle patrie, ne savait pas toujours se placer au point de vue des fidèles sous la croix. Il pensait un peu, avec Saurin et tant d'autres, que le devoir des pasteurs, après la révocation, était de sortir du royaume, et peut-être accusait-il, au fond, ceux qui restaient de *temporiser*. Sans discuter ici les raisons qui décidèrent tant de ministres à quitter la France, et qu'Elie Benoît a résumées dans l'*Apologie de la retraite des pasteurs*, écrite en 1687, nous demanderons simplement : que serait devenue l'Eglise réformée dans notre patrie, si des hommes comme Antoine Court et Jacques Roger n'avaient essayé d'en réunir les tronçons épars ? Au reste, voici la réponse des pasteurs sous la croix, datée du Désert le 30 juillet 1719. C'est Court qui la rédigea ; mais elle exprimait bien les sentiments de ses collègues, et, en particulier, ceux de Jacques Roger :

« Nous sommes forcés, » disaient-ils, « de reconnaître que nos péchés sont la cause de nos malheurs ; mais nous ne savons si ce fut un décret absolu de Dieu ou une permission, qui, dans certains cas, ne justifie pas notre conduite, que tous les pasteurs aient abandonné leurs troupeaux. Nous croyons que plusieurs ont soupiré entre le porche et l'autel ; leurs vœux et leurs soupirs sont montés jusqu'au ciel ; mais n'aurait-il pas fallu, après ce que Jésus-Christ a dit sur le devoir d'un bon berger, que plusieurs, — nous ne parlons pas de tous, à Dieu ne plaise ! — au lieu de répandre seulement des larmes eussent versé leur sang pour leurs brebis ? »

Après ce préambule qui dut faire réfléchir Basnage et les autres pasteurs du refuge, leurs collègues de France poursuivaient : « Nous voulons, avec la grâce de notre Seigneur, jusqu'au dernier soupir de notre vie, en rendant à César ce qui est à César, rendre à Dieu ce qui appartient à Dieu. Nos assemblées ne sont pas tumultueuses ; on n'y porte point d'armes ; on a soin de les défendre, non seulement sous peine de lèse-majesté humaine, mais divine.

» La gloire de Dieu doit être la fin de tout, et la charité de notre Sauveur doit être l'âme de tout ce que nous disons ou faisons. Depuis que nous sommes privés, dans ce pays, du saint ministère, si Dieu n'avait suscité quelques personnes pour réveiller la foi des peuples et pour raviver leur zèle, il est certain que presque tous les habitants de la campagne et la plupart même de ceux des villes, qui sont sans lectures et privés de bons livres, seraient tombés dans une si crasse ignorance que nous ne doutons pas qu'ils n'eussent été semblables aux peuples chez qui la superstition règne le plus. Dieu, malgré nos péchés, n'a pas voulu nous abandonner entièrement. Après avoir transporté son chandelier dans d'autres climats, il a soufflé dans notre pays sur quelques lumignons fumants pour la consolation de plusieurs, et nous attendons, avec une espérance vive qu'il plaise à ce grand Dieu de compassion de remettre notre Jérusalem en un état glorieux sur la terre. »

Après avoir justifié leur présence dans le royaume, les pasteurs font ensuite l'apologie des assemblées : « Nous ne nous arrêterons pas beaucoup à réfuter ceux qui, approuvant le zèle de ceux qui annoncent l'Evangile, n'approuvent pourtant pas qu'on fasse des assemblées. Nous ne savons comment ces messieurs conçoivent la chose. Supposons, pour un moment, que cinq ou six bergers eussent trente ou quarante mille brebis, dispersées dans un vaste pays par des cloisons différentes, serait-il possible que ces bergers pussent nourrir tant de brebis, s'ils n'en formaient de petits troupeaux pour leur donner tour à tour les choses nécessaires pour la vie ? Nous n'ignorons pas que ce doit être avec toute la prudence possible et dans les lieux les plus à l'abri de la fureur des persécuteurs; nous usons si bien de cette méthode que, pour une assemblée qui est découverte, il s'en fait cent à l'insu de nos ennemis. Il est vrai, quelques maisons ou granges ont été rasées, quelques personnes ont été condamnées aux galères; plusieurs ont été mises en prison; très peu ont souffert la mort; mais ignore-t-on qu'il y a des croix attachées à la profession de l'Evangile, sans compter que mille et mille personnes sont édifiées et exemptes de ces sortes d'épreuves? »

Voici enfin la conclusion de ce document remarquable, qui nous apparaît comme la voix des Eglises du Désert, inébranlables dans leur foi et revendiquant leur place sur le sol de la patrie : « Nous protestons encore à tous ceux à qui il appartiendra, avant que de finir notre lettre, et nous prenons le ciel et la terre à témoin que nous voulons rendre à notre prince tout ce qui lui est dû; mais nous croyons qu'il ne nous est pas permis de négliger pour un peu de temps notre salut ni celui de nos frères. On a beau nous alléguer la situation des affaires du royaume, il faut toujours servir Dieu et obéir à ses lois, n'y eût-il que trente jours d'interruption, comme du temps de Daniel. On nous menace d'un côté et on nous donne des espérances flatteuses de l'autre; mais nous avons souffert depuis longtemps et nous sommes prêts à souffrir, — soutenus par la grâce, — avec patience, toutes les conséquences de

notre prétendue rébellion, jusqu'à ce qu'
plaise à Dieu d'ouvrir les yeux des princes su
notre innocence et sur leurs véritables inté
rêts (1). »

Après cette lettre, les pasteurs du Dése
reprirent leur tâche avec un nouveau courag
A de longs intervalles, il est vrai, quelque nou
veau compagnon d'œuvre venait grossir leu
rangs ; c'est ainsi qu'en 1720 Roger prit ave
lui Paul Faure, âgé de quinze ans, pour
faire étudier. Ce jeune homme fut, après Du
rand, du Vivarais, le second de ces écolie
ambulants, comme on les appelait alors, q
abandonnaient la charrue ou l'atelier pour su
vre les pasteurs du Désert. Ils apprenaie
d'eux les premiers éléments de la théologie, e
ce qui valait mieux encore, le secret du sacr
fice et de l'héroïsme, et, après avoir *propo*
quelque temps la parole de Dieu, ils rece
vaient à leur tour l'imposition des mains.

La persécution faisait toujours des victime
Deux hommes, nommés Raffin, furent arrêt
à Mirabel, près de Crest. Tout le crime ét
d'avoir fait bénir leur mariage au Désert. C
·les enferma dans la tour de Crest, où le pl
âgé mourut bientôt ; l'autre n'obtint sa liber

(1) *Bulletin*, t. V, p. 53 et suiv.

qu'en faisant réhabiliter son mariage. Trois ans auparavant, le même fait s'était produit pour huit protestants de Combovin, de Châteaudouble et de Montélimar, qui étaient allés se marier à Genève ou dont Roger avait béni le mariage. Emprisonnés les uns à Valence, les autres à Crest, ils ne sortirent de prison qu'après avoir promis de faire légitimer leurs unions par le curé ; mais deux seulement tinrent parole.

Cette question des mariages bénis au Désert était hérissée de difficultés. Pour que ceux des protestants fussent reconnus par la loi, ils devaient se faire en présence du curé, qui était l'officier civil de l'époque ; mais, au préalable, les conjoints étaient tenus de se confesser, d'assister à la messe, de faire en un mot acte de catholicité. S'ils se décidaient à demander la bénédiction nuptiale au pasteur, leur conscience était en paix ; mais l'Etat ne reconnaissait pas la validité de ces unions, et par là se réalisait cette parole de Fontanieu, dans son rapport à la cour de Versailles : « Il naît une infinité d'enfants sans autre état que celui de la bâtardise, et l'on peut prévoir qu'il y aura dans la suite autant de procès qu'il y aura de successions ouvertes. »

Préoccupé des conséquences fâcheuses

qu'entraînait à cet égard la rigueur des édits, Jacques Roger prit le parti d'en écrire au marquis de Vachères, commandant de la tour et de la ville de Crest. Fontanieu, qui fit parvenir cette lettre à Versailles, ne craint pas de dire à son sujet : « On verra combien les prédicants flattent les religionnaires de la protection des puissances protestantes, leurs discours séditieux, et par conséquent la nécessité de les réprimer. » Il fallait que le parti pris aveuglât singulièrement l'intendant pour qu'il trouvât dans ces lignes, écrites par un homme dont la tête était mise à prix, autre chose que la revendication des droits les plus sacrés de la conscience. Au reste, voici les principaux passages de cette lettre :

« Après tout ce que les réformés ont souffert, » disait le pasteur du Désert au gouverneur de Crest, « il n'y a pas apparence qu'ils changent de religion, et, la différence des deux religions étant essentielle, il semble que personne ne devrait ignorer qu'il est impossible de contraindre les religionnaires à faire bénir leurs mariages par les prêtres, sans les forcer en même temps, contre leur conscience, à commettre ce qu'ils regardent comme un grand crime ; et même sans que ceux qui emploient leur autorité pour les y forcer ne s'en rendent

en quelque façon responsables devant Dieu. »
« Il est vrai, » ajoute-t-il, « que personne ne
doit en aucune manière favoriser le concubinage ; mais si les réformés observent de faire
solenniser leurs mariages par des ministres de
leur religion, on ne peut pas les traiter comme
méprisant les lois du mariage, et tout ce qu'on
devrait leur dire à cet égard, c'est que si leurs
consciences ne leur permettent pas d'aller vers
les prêtres pour épouser, ils doivent du moins
montrer quelque témoignage de quelque ministre qui ait solennisé leur union. En effet, les
catholiques regardent le mariage comme un
sacrement et les réformés comme une simple
cérémonie, instituée pour le bon ordre et l'union
des personnes dans la société et dans l'Eglise.
Les uns et les autres regardent le mariage
comme un acte public de religion ; il est évident que l'on ne peut forcer les réformés à
faire solenniser leurs mariages par des curés,
sans profaner la sainteté que l'on reconnaît être
inséparable à un sacrement et sans les forcer à
faire acte public de religion contre leur conscience. » Il y a plus, et Roger n'a pas de
peine à montrer combien les exigences des
prêtres, dans ces occasions, deviennent bles-
santes. Que demandent-ils, en effet, à ceux
dont ils vont bénir l'union ? « De faire abjura-

tion, de renoncer à leur baptême, de regarder leurs père et mère comme damnés, d'assister à la messe et de ne jamais retourner aux assemblées, lors même que le roi accorderait le libre exercice de la religion. » Prétentions exorbitantes et qui font dire à Roger : « Tout le monde voit bien qu'ils ne peuvent rien tenir de tout cela, et que c'est une chose horrible d'attendre les gens au pas du mariage pour les faire devenir parjures et pour se rendre soi-même responsable devant Dieu du péché qu'on leur fait commettre ; car, pour n'en dire qu'un mot, les catholiques regardent la messe comme le plus saint, le plus haut et le plus sublime de tous les mystères, et les réformés en ont horreur comme étant contraire à la parole de Dieu et à la mort de Jésus-Christ. Il semble donc que si, d'un côté, le réformé témoigne de la répugnance d'y assister, de l'autre côté l'intérêt du salut des prêtres et même de tous les catholiques, et encore l'honneur de l'Eglise, devraient les engager indispensablement à ne pas souffrir que les réformés y vinssent sous quelque prétexte que ce fût, crainte qu'ils ne profanassent ce mystère, hormis qu'ils ne parussent auparavant en être très persuadés. »

« Si les curés, » conclut Roger, « solennisaient les mariages des réformés sans les faire aller à la messe et sans rien exiger d'eux, ou s'ils permettaient qu'ils les solennisassent comme bon leur semblerait, selon le mouvement de leur conscience, par là ni les réformés, ni les curés, ni les personnes catholiques qui ont l'autorité, ne pourraient pas se rendre responsables devant Dieu d'aucun péché. »

Le pasteur du Désert terminait ces observations si fondées, en exprimant cette pensée, moins juste à la vérité que les précédentes, que le roi, par ses arrêts, ne prétendait en aucune manière faire violence aux consciences. Il ajoutait que, si ces mesures de rigueur parvenaient à la connaissance des puissances protestantes qui avaient récemment traité alliance avec Louis XV, elles ne manqueraient pas de s'en plaindre à la cour de Versailles, qui pourrait réprimer le zèle inconsidéré des intendants.

Le curieux mémoire de Fontanieu, qui contient cettre lettre de Roger, nous fournit aussi quelques renseignements sur les courses pastorales qu'il fit à cette époque. Après les événements de Bourdeaux, il avait séjourné quelque temps dans le Vivarais, et, accompagné de Dortial, que Fontanieu appelle son diacre, et qui était en réalité un prédicant de ce pays, il avait tenu des assemblées de mille à douze cents personnes dans les environs de Privas, de Lavoulte et du Pouzin. A Serrières, on lui saisit un ballot de livres qu'il faisait venir de Genève pour les Eglises du Dauphiné. Il revint ensuite dans cette province, et trouva dans la vallée de Bourdeaux, avec le souvenir vivant des récentes persécutions, le même accueil que précédemment. Il prêcha aussi à Loriol, et passa de nouveau dans le Vivarais.

On surveillait ainsi, avec le plus grand soin, les allées et les venues de Roger, « l'un des plus célèbres d'entre les prédicants, » au dire de l'intendant de Grenoble. Ce dernier trouva même quelques protestants qui, dans l'espoir d'une forte récompense, s'engagèrent à l'instruire de la retraite de Jacques, — c'était le nom de guerre de Roger, — dès qu'il reviendrait dans le Dauphiné. De son côté, Dumolard, subdélégué de l'intendant du Languedoc pour le Vivarais, devait faire part à Fontanieu de ce qu'il apprendrait au sujet du pasteur. Fontanieu demandait enfin à la cour d'envoyer quelques compagnies du régiment de Vitry-Dragons, dans plusieurs quartiers de la province : à Châteaudouble, Chabeuil, Etoile, Saint-Jean-en-Royans, Puy-Saint-Martin, Dieulefit, Romans, Valence, Montélimar, Crest et Die. « On peut ainsi compter, » ajoutait-il avec confiance, « que tout le Dauphiné sera tranquille. Il y a même apparence que Jacques n'est pas revenu, sur les avis qu'il a peut-être déjà reçus des précautions que l'on prendrait pour le suivre. »

Malgré ces mille précautions, et contrairement aux espérances de Fontanieu, Roger était de retour au milieu de ses chères Eglises, sans qu'on sût où le prendre, et Dieu montra une fois de plus, au milieu de tous ces périls et de toutes ces difficultés, qu'il fait concourir toutes choses au bien de ceux qui l'aiment.

Ce fut, en effet, vers ce temps-là, que la peste, qui sévit avec tant de force dans la Provence, étendit ses ravages jusque dans le Dauphiné, et répandit partout la désolation. Ces temps douloureux, qui rappelaient avec puissance à nos pères que Dieu règne, et que, selon la parole du prophète, il faut se préparer à sa rencontre, arrêtèrent, pour un moment, l'ardeur de la persécution, et furent le signal d'un réveil général dans les Eglises. Les assemblées furent plus fréquentes et plus suivies, et l'on chantait ouvertement, dans les villes et dans les campagnes, les louanges de Dieu.

Les années qui suivirent, sans être fécondes en évènements importants, virent, toutefois, l'œuvre de restauration se consolider. Roger prit part aux délibérations de plusieurs synodes du Languedoc. Celui du 8 mai 1721 fixa la somme annuelle de 70 livres pour l'*entière couverture* des pasteurs, et dans celui du 20 septembre, on décida que « dans les villes ou autres lieux où il n'y avait pas d'anciens, on en établirait incessamment, et s'il y avait un refus de la part des fidèles, ils ne seraient pas visités par les pasteurs, ni avertis pour aller aux assemblés. » Mesure significative qui nous montre le prix que les Eglises commençaient à attacher au culte public et au ministère des pasteurs régulièrement établis.

Pendant ce temps, Court était à Genève, où il plaidait avec éloquence la cause des Eglises persécutées. « Je me suis occupé, » écrivait-il à Roger en 1722, « à déraciner de l'esprit d'une infinité de personnes, la fausse idée qu'elles se formaient des protestants. J'ai tâché de les leur faire envisager à leur véritable point de vue. » Il avait fait plus : il avait excité en leur faveur une très vive sympathie. Calendrin, le père des confesseurs, était mort en 1721 ; mais d'autres avaient pris sa place : les Pictet, les Vial, les Maurice Turretin. « Désormais, » ajoute M. Hugues, « les Eglises sous la croix ne seraient plus abandonnées à leurs seules ressources (1). »

(1. Ouvrage cité, t. I, p. 232.

Le 22 janvier 1723 , Louis XV, qui n'avait encore que treize ans , fut déclaré majeur par le Parlement. Cette année vit aussi mourir le Régent et son digne acolyte, le cardinal Dubois, ministre du jeune prince. Ils laissèrent le pouvoir au duc de Bourbon , « prince borgne, » dit un historien , « d'une figure hideuse , d'un caractère sauvage et d'une intelligence médiocre (1). » L'un de ses premiers actes fut d'accorder le bâton de maréchal au trop fameux comte de Médavid , qui avait fait peser un joug de fer sur les religionnaires du Dauphiné. C'était indiquer assez clairement la règle de conduite qu'il allait suivre à l'égard des protestants.

(1) Borrel, *Biographie d'Antoine Court*, p. 75.

VII

1724-1725

Edit du 14 mai 1724. — Roger reçoit une lettre de Court. — Ses conseils à Durand au sujet de sa vocation au saint ministère. — Il assiste à plusieurs synodes du Vivarais. — Alliance étroite conclue entre les trois provinces du Languedoc, du Vivarais et du Dauphiné. — Roger refuse de signer une formule de serment.

Nous touchons à une date néfaste dans l'histoire de nos Eglises. Le duc de Bourbon subissait l'influence de deux prélats : Lavergne de Tressan, évêque de Nantes, et Fleury, évêque de Fréjus. L'un et l'autre convoitaient depuis longtemps le chapeau de cardinal, et, pour l'obtenir, ils ne trouvèrent pas de voie plus commode que de provoquer une recrudescence dans la persécution. Bâville, le féroce intendant du Languedoc, leur apporta le concours de sa vieille expérience ; ensemble ils rédigèrent dix-huit articles qu'ils firent signer au jeune prince, et, le 14 mai 1724, parut le nouvel édit. C'est une compilation sans ordre des mesures les plus vexatoires et parfois les plus contradictoires du règne précédent ; mais ce qui en fait l'unité, c'est la haine profonde pour l'hérésie, qu'elle respire d'un bout à l'autre.

« Nous voulons, » faisait-on dire au jeune roi, « 1° que la religion catholique, apostolique et romaine soit seule exercée dans notre royaume ; défendons à tous nos sujets de quelque état, qualité et condition qu'ils soient, de faire aucun exercice de religion, autre que ladite religion catholique, et s'assembler pour cet effet en aucun lieu et sous quelque prétexte que ce puisse être, à peine, contre les hommes, des galères perpétuelles, et contre les femmes, d'être rasées et enfermées pour toujours, avec confiscation des biens des uns et des autres ; même à peine de mort contre ceux qui seront assemblés en armes. »

Ce qui précède concerne les simples fidèles ; voici maintenant l'article qui vise les pasteurs :

« 2° Etant informés qu'il s'est élevé et s'élève journellement, dans notre royaume, plusieurs prédicants qui ne sont occupés qu'à exciter les peuples à la révolte et à les détourner des exercices de la religion catholique, apostolique et romaine, ordonnons que tous les prédicants qui y auront prêché ou fait aucunes fonctions soient punis de mort, sans que ladite peine de mort puisse à l'avenir être réputée comminatoire. Défendons à tous nos sujets de recevoir lesdits ministres ou prédicants, de leur donner retraite, secours ou assistance, d'avoir directement ou indirectement aucun commerce avec eux ; enjoignons à ceux qui en auront connaissance de les dénoncer aux officiers des lieux, le tout à peine, en cas de contravention, contre les hommes, des galères à perpétuité, et, contre les femmes, d'êtres rasées et enfermées pour le reste de leurs jours (1). »

Voilà pour ceux qui présidaient « les assemblées illicites ; » mais l'éducation des enfants, la célébration des mariages et bien d'autres actes qui ne relèvent que de la conscience, étaient l'objet de mesures non moins sévères.

Cet édit, qui devait faire couler tant de larmes et tant de sang, fut accueilli avec des transports de joie par de Reinier, l'avocat au parlement de Grenoble. On se rappelle ses tentatives précédentes pour s'emparer de Roger et le rôle odieux qu'il joua dans l'affaire

---

(1) L'édit est inséré tout au long dans la *France protestante*, pièces justificatives, p. 392.

de Bourdeaux. L'édit fut pour lui le signal d'un
redoublement de zèle et d'effort ; il se vanta
publiquement de faire main basse sur le ministre,
et dans ce but il obtint du gouverneur qu'il fît
mettre en campagne un corps de troupes de
quatorze cents hommes. Roger, averti, se tint
sur ses gardes, et les assemblées furent suspendues. Les troupes, ne recevant aucun ordre
de la cour, ne sortirent pas de leurs quartiers,
et notre dévoué pasteur vit ce nouvel orage
s'éloigner sans qu'il eût fondu sur lui.

On comprend que ces alarmes continuelles
fissent négliger à Roger sa correspondance avec
ses collègues. Court s'en plaint dans une lettre
du mois de juin, qui nous montre l'accord de
ces deux hommes dans les mesures à prendre
pour relever l'Eglise et l'affection qui les unis-
sait. « Je suis heureux d'apprendre, après un
si long et si fatal silence, » disait Court à son
ami, « que vous n'êtes pas mort, et que l'astre
du jour éclaire encore une vie qui est aussi
importante et aussi nécessaire que l'est la vôtre à
un peuple trop longtemps malheureux. Il serait
difficile de vous marquer le plaisir sensible que
j'ai goûté en recevant de vos chères nouvelles.
Il y a longtemps que je soupirais après ce précieux avantage. Mais jusqu'ici la providence
n'avait pas ajouté ce degré à mon bonheur,

quelque soin et quelque attention que je me fusse donnés pour cela. Vous savez que je pris la liberté de vous écrire de Genève, pendant le séjour que je fis dans cette ville, pour vous inviter et conjurer tout ensemble de vouloir bien échanger des lettres entre nous, pour nous communiquer les choses que nous jugerions être nécessaires et importantes. Mais j'eus la douleur d'apprendre que ma lettre n'était pas parvenue jusqu'à vous et qu'elle aurait même produit quelque mauvais effet à quelque personne peu sage et indiscrète : ce qui étouffa dans leur berceau toutes les bonnes espérances que j'avais conçues de notre future correspondance. Je suis heureux de sentir, par un commencement d'expérience, que mes espérances ne sont pas tout à fait éteintes.

» Je vois en vous un athlète qui court depuis longtemps dans la pénible mais noble carrière du ministère en France. Je voudrais entrer dans une intime sociabilité avec ceux qui, comme vous, combattent pour les mêmes enseignes et qui concourent au même but. J'en ai un plaisir si parfait que les termes les plus expressifs ne sont pas assez énergiques pour en exprimer la moindre partie. Je n'aurais jamais douté et j'aurais été bien méchant de le faire, — persuadé comme je l'étais de votre

zèle et de votre piété, — de vos bons sentiments ; mais j'étais affligé au dernier point de
n'en voir pas les effets, ignorant ce qui pouvait
empêcher que vous ne les eussiez manifestés.
Je vois présentement que jusqu'ici vous avez
eu des empêchements légitimes, mais que désormais vous allez franchir les obstacles les
plus embarrassants et triompher des difficultés
les plus embrouillées. Encore un coup, ma
joie en est plus grande qu'il m'est possible de
l'exprimer. Mon langage muet en dit beaucoup
plus que ma plume.

» Je vois, dans un heureux avenir, des biens
infinis que vont produire les divers règlements
que vous allez établir dans les Eglises où vous
exercez votre ministère. Vous le voyez aussi
bien que moi ; aussi ce serait s'ériger bien
avec témérité que de vouloir vous prouver la
vérité et l'importance de l'établissement et de
l'exacte observation d'une bonne et d'une sainte
discipline. A Dieu ne plaise ! et il ne m'arri-
vera jamais de m'oublier jusque-là. Je suis trop
convaincu et de l'excellence et de la vaste
étendue de vos lumières. Il ne me reste donc
qu'à vous féliciter de vos bons desseins qui,
pour n'avoir pas été jusqu'ici exécutés, n'en
sont pas moins anciens, et qu'à vous conjurer
de mettre sans plus tarder la main à l'œuvre.

Je ne manquerai pas d'en informer tous nos frères qui, comme moi, en recevront un véritable plaisir.

» Je n'ose pas vous assurer que nos Eglises puissent vous envoyer un de nos prédicateurs avec le règlement. Cependant l'on tâchera de vous satisfaire. La moisson est grande, les ouvriers sont rares et surtout les bons ouvriers. Prions le Seigneur de la moisson qu'il en suscite de bons. Il y a longtemps que je ne cesse d'en demander aux pays étrangers ; mais, hélas ! la prospérité endurcit les entrailles de ceux qui pourraient nous en fournir. Nous, à qui le Seigneur a inspiré le noble dessein de rétablir les brèches faites à son Eglise et de porter le flambeau de son Evangile, au milieu d'une violente et rude persécution, bénissons-le de la grâce qu'il nous a faite et faisons valoir nos talents, à quelque prix que ce soit, persuadés, comme nous devons l'être, que le Seigneur ne manquera pas de donner des heureux succès à nos justes entreprises. Que Dieu nous protège dans nos plus difficiles combats et qu'il couronne tous nos travaux de la gloire de son paradis. Ce sont l'objet de mes espérances et celui de mes vœux les plus ardents pour vous. »

Au nombre de ces bons ouvriers dont Court

signalait à Roger la rareté, il convient de placer en première ligne Durand, proposant du Vivarais. Il travaillait puissamment au réveil des Eglises dans cette province, et les fidèles souhaitaient vivement qu'il pût remplir au milieu d'eux toutes les fonctions pastorales. Lui-même s'en ouvrit à Roger en l'invitant à assister au synode du Vivarais. « Vous me dites, » lui répondit son ami le 16 octobre, « que l'on vous conseille et qu'on souhaite que vous receviez l'ordination entière, mais que vous tremblez à l'idée de la hauteur de la charge. Vous avez raison pour l'étendue des importants devoirs qu'elle exige ; mais si l'on vous en a conféré une partie et que l'on vous ait jugé propre pour cela, quelle difficulté vous empêche d'en remplir l'autre ?... D'ailleurs, si vous regardez M. Court comme suffisant et votre assemblée synodale comme ayant non seulement droit d'appeler, mais aussi de donner vocation et que vous vouliez vous consacrer à un usage si saint, pourquoi ne pas profiter de l'occasion et chercher d'autres moyens que ceux que Dieu nous présente ? Cependant, souvenez-vous que, soit que vous le receviez à présent ou que vous le renvoyiez à une autre fois, vous devez y apporter une grande application accompagnée de prières. » Ce ne fut, toutefois, que deux ans après que Durand reçut l'imposition des mains.

L'année suivante, l'étudiant Paul Faure fut reçu proposant ; il fit à cette époque plusieurs voyages dans le Vivarais avec Roger pour assister à différents synodes provinciaux. Le plus important, par les mesures qui s'y prirent, fut celui qui se tint le 21 juin, près de Valence, sur la rive droite du Rhône (1). Il se composait d'un ministre consacré, de sept proposants et de quarante-cinq anciens. Depuis longtemps Roger désirait que des règlements communs groupassent entre elles les différentes Eglises du midi de la France, les seules *réveillées* pour le moment. « Il croyait, » dit Vouland, son biographe, « que pour mieux faire recevoir l'ordre dans cette province, il n'y avait pas un meilleur moyen que de demander une lettre de sommation aux ministres du Languedoc pour le Dauphiné et pour le Vivarais, pour les engager à se soumettre à l'ordre, parce qu'un corps bien rangé serait mieux en état de se soutenir. » C'était aussi la pensée de Court. En présence des redoutables éventualités de l'avenir, il croyait indispensable de grouper en faisceau les forces dispersées du protestantisme.

(1) Voir l'appendice II.

Il envoya donc Rouvière dans le Vivarais et le
Dauphiné pour conférer sur ce point important
avec Durand et Roger et assister à leur synode. Ce fut Roger qui le présida. Il proposa
« de recevoir la sommation des Eglises sœurs
comme un effet de leur soin charitable et de
signer leurs règlements en signe de parfaite et
éternelle union. » Cette démarche, toutefois,
n'impliquait, de la part des Eglises que représentait le synode, aucun aveu d'infériorité. Il
était bien entendu, quoique la sommation des
Eglises du Languedoc, eût une forme un peu
absolue, qu'elles n'auraient aucune vue de domination sur les autres provinces. Mais Court
calma les craintes de son collègue. « Nous ne
sommes pas assez amis du superbe et aveugle
Vatican, » lui répondit-il, « pour adopter ses
maximes ni pour imiter sa conduite. » Les délibérations furent pleines de cordialité et l'on
dressa deux articles qu'adoptèrent bientôt les
Eglises des Cévennes, dans leur synode tenu
le 13 septembre suivant. « Le premier, » dit
Corteiz, « fut que le Languedoc ne recevrait
point, dans ses synodes ou autrement, des ministres sans le consentement des synodes du
Vivarais et du Dauphiné et réciproquement.
C'était pour empêcher que quelque proposant
délinquant ne surprît les pasteurs de ces syno-

des et que le saint ministère ne fût exercé par des personnes indignes. Le second article portait que nous recevrions les quarante articles de la confession de foi, que nous aurions même doctrine à l'égard des dogmes, mêmes règlements à l'égard de la discipline, et que nous nous donnerions mutuellement les secours nécessaires dans tous les cas, sans qu'il y eût jamais rien qui pût avoir le moindre air de rébellion contre la couronne du roi (1). »

L'accord qui venait de se conclure entre les différentes Eglises du royaume eut d'excellents résultats, et l'établissement définitif de l'ordre et de la discipline, qui en fut la conséquence, porta dans le Dauphiné le dernier coup au fanatisme et aux prétendues révélations.

(1) *Mémoires de Pierre Carrière dit Corteiz, pasteur du Désert,* p. 55.

VIII

1725-1726

Les Eglises du Désert, malgré l'alliance précieuse qu'elles venaient de conclure entre elles, avaient besoin, pour prospérer, de ne pas être abandonnées à leurs seules ressources, et de pouvoir compter sur l'appui des frères étrangers. Elles l'avaient compris de bonne heure, et l'on a vu Roger aller, en 1711, défendre, en Suisse et en Allemagne, leurs intérêts. Toutefois, la nécessité d'un député général, qui se consacrât exclusivement à cette œuvre, se faisait de plus en plus sentir; et, le 1er mars 1725, les Eglises du Languedoc en confièrent le titre et la responsabilité à Duplan. Il devait se rendre auprès des puissances protestantes pour leur demander des secours pécuniaires, et les prier de plaider, auprès du cabinet de Versailles, la cause des Eglises persécutées.

Duplan descendait d'une famille noble d'Alais. Ami d'Antoine Court, il avait applaudi l'un des premiers à son œuvre de restauration. Il fut même l'un de ses aides les plus utiles : présidant des assemblées, visitant les malades, ouvrant généreusement sa bourse, pour subvenir aux besoins de ses frères, et composant même des traités apologétiques pour les défendre. Le synode tenu dans le Vivarais, le 21 juin, approuva sa nomination. « Je vous dirai, » écrivait Roger à Court le 30 juin, « qu'après avoir nommé le sieur Benjamin Duplan député auprès des puissances protestantes, lequel doit agir au nom et par l'ordre de tous les corps synodaux, lesdits corps restent engagés, d'autre côté, d'aider et fournir à proportion, selon ses besoins, et qu'ainsi vous devez l'en avertir, tant à l'égard du Vivarais que du Dauphiné.

» Je trouverais à propos qu'il écrive encore aux rois de Suède et de Danemark, à l'impératrice de la Grande-Russie, au landgrave de Hesse-Cassel, aux hautes puissances de Hollande et aux autres grands princes protestants, en gardant les mêmes mesures qu'il a gardées envers les rois d'Angleterre et de Prusse, et aux grands consistoires de tous ces pays, et en gardant les mêmes mesures qu'il a gardées envers l'archevêque de Cantorbéry (1). »

Roger n'écrivit pas seulement à Court ; il avertit Duplan lui-même du choix que les Eglises du Dauphiné avaient fait de lui pour les représenter auprès des amis du dehors : « J'ai reçu, » écrivait ce dernier à Antoine Court, à la date du 14 décembre, « deux lettres de M. Roger qui me marque que le Dauphiné m'a aussi choisi pour député ; il m'informe encore de l'état des Eglises qu'il sert. C'est un homme dont on me dit beaucoup de bien à Lausanne et qui me marque, dans ses lettres, être prudent et pieux (2). »

Duplan se fixa à Londres, et ses démarches furent couronnées de succès. Il obtint, à différentes reprises, des secours pour les protestants du Midi. Cependant, la malveillance ne tarda pas à compromettre une œuvre qui portait déjà d'heureux fruits. On accusa le député général d'avoir noué des relations avec les prophètes

____

(1) C'était le célèbre William Wake, primat d'Angleterre.
(2) D. Bonnefon, *Benjamin Duplan, gentilhomme d'Alais*, p. 141.

cévenols, réfugiés à Londres, et de chercher à relever le fanatisme expirant. Roger comprit bien vite les dangers que ces bruits, s'ils venaient à s'accréditer, feraient courir à la députation, et, pour les conjurer, il prit avec chaleur la défense du gentilhomme d'Alais, dans une lettre qui fait revivre l'énergique physionomie de ce pasteur du Désert, et nous montre le zèle ardent qui l'animait pour le bien de l'Eglise (1) :

« Je ne saurais vous exprimer, » disait Roger à ses collègues, « la satisfaction que les consistoriaux de nos dix petits corps d'Eglises, soumises à l'ordre, ont fait tous les jours paraître de votre charitable sommation, et de l'acte solennel de l'union traité avec vous. Mais cette satisfaction, qui augmentait tous les jours, par la vue des lettres de M. Duplan et d'autres personnes distinguées que je leur communiquais, se trouve sur le point d'être troublée, puisque j'apprends, par une lettre de lui-même, et d'une autre personne distinguée par son rang et par sa piété, que l'on a répandu des calomnies sur son compte comme s'il favorisait le fanatisme, et que sur cela on parle de lui re-

______

(1) Lettre aux pasteurs, proposants et anciens des synodes et Eglises du Languedoc et des Cévennes, du 30 mars 1726.

tirer les témoignages qu'on lui a envoyés, et
de lui refuser les 500 livres qu'on lui avait adjugées au dernier synode des Cévennes, ce qui
m'a extrêmement surpris, et ce que je n'ai pas
jugé à propos de communiquer à nos consistoires.

» En effet, comme il n'y a rien de plus certain que M. Duplan, par son esprit éclairé et
par ses soins, a mis notre justice en évidence,
nous a fait un très grand nombre de bons amis,
et obtenu des secours bien considérables, nous
ne pouvons que fonder une grande espérance
pour le soulagement et même l'entière délivrance de nos Eglises, si Dieu continue, par sa
grâce, à répandre ses bénédictions sur sa députation. Quelle douleur de voir que l'ennemi
du repos de l'Eglise vienne traverser une entreprise d'une aussi grande importance, qui avançait à vue d'œil la grande gloire de Dieu et le
salut de tant de pauvres âmes! Quoi! parce que
M. Duplan reconnaît, avec tous les savants,
qu'il faut que Dieu seconde extraordinairement
les faibles instruments dont il se sert pour conserver la pureté chrétienne dans ce royaume,
faut-il le traiter de fanatique ? Parce que, selon
les exemples et les principes de Jésus-Christ et
des apôtres, il soutient qu'on doit ramener les
égarés par la douceur, ce dont tous les savants

conviennent, qu'on doit éprouver toutes choses et retenir ce qui est bon, faut-il l'accuser de favoriser le fanatisme? Il faudrait pour cela renverser entièrement l'essentiel et trahir sa conscience, étant certain que ces maximes se trouvent gravées dans le cœur de tout homme de bien, aussi bien que clairement enseignées par Jésus-Christ et les apôtres.

» D'ailleurs, M. Duplan vous était parfaitement connu avant sa députation, et nous, persuadés que vous n'aviez rien fait témérairement, avons suivi votre exemple. Quelle douleur et mortification pour nous, si nous avions le malheur de vous voir révoquer cette nomination sur des prétextes si injustes, et surtout après que tout le monde réformé se trouve convaincu des merveilleux effets de ses soins! Non! cela ne peut entrer en aucune manière dans ma pensée, et je m'assure qu'il se trouve parmi vous un assez grand nombre de pasteurs, de proposants et d'anciens éclairés qui ont la bonne cause à cœur, et que tous unanimement voudrez soutenir ce que vous avez si dignement fait, et que vous ne voudrez pas vous exposer, ni faire exposer tous vos corps synodaux, à une semblable honte qui ne pourrait qu'être fatale à toutes nos Eglises. »

Roger, après avoir rappelé qu'une telle

conduite ne ferait qu'irriter Dieu, qui les abandonnerait à leur malheureux sort, ajoute :

« Je ne sais d'où sont venues ces funestes calomnies, ni quels sont ceux qui ont formé le dessein de nous frustrer des douces espérances que nous avions justement conçues de cette députation, par les fruits qu'elle avait déjà produits ; mais nous vous conjurons, par les compassions du Seigneur Jésus, par l'intérêt que vous devez avoir à avancer le règne de Dieu et à rappeler le repos de nos chères Eglises, et les égards que vous devez avoir de l'honneur de nos corps synodaux, de confirmer M. Duplan dans sa députation, et de remplir les engagements que vous avez pris à son égard ; et, en reconnaissant qu'il est une personne véritablement pieuse et sincère, pénétrée d'une sincère charité et d'un cœur pur, éclairé, nous vous conjurons de faire sentir à ceux qui le calomnient l'horreur de leur crime, et, à ceux qui s'opposent à sa députation, combien leur procédé est préjudiciable au repos tant désiré de nos pauvres Eglises. »

Le pasteur parle ensuite des difficultés pécuniaires qui pesaient sur les Eglises du Dauphiné. La régie réclamait les arrérages de vingt-trois ans, et menaçait les biens de ceux qui s'étaient mariés au Désert ou qui avaient fui à l'étranger. « Nonobstant un si grand inconvénient, » ajoute Roger, « j'ose vous assurer que nous faisons selon nos petits pouvoirs, promettant encore que si Dieu nous fait la grâce de voir augmenter nos frères, nous augmenterons aussi, dans une juste proportion, ce que nous nous flattons de faire infailliblement toucher au sieur Duplan ; car nous devons tous reconnaître qu'il ne peut que faire des dépenses beaucoup au-dessus de ses moyens. » Puis il termine par ces considérations élevées : « Il ne demande que ce qu'on lui a adjugé selon nos faiblesses ; pourquoi le lui contesterions-nous encore contre notre honneur et nos propres intérêts ? Non, mes très chers frères, je m'assure tellement au Seigneur, que, comme l'exemple de votre piété, que nous proposons tous les jours à nos Eglises, en fait revenir un très grand nombre, vous vous produirez encore comme exemple d'émulation à cette bonne œuvre, et que, passant par-dessus tout ce que quelques malintentionnés pourraient avoir suggéré, vous demeurerez fermes dans vos sentiments et mûres délibérations, en sorte que Dieu, secondant nos faibles efforts des uns et des autres, nous fera la grâce de nous féliciter en pleine liberté de nous être attiré l'admiration de tous ceux qui aiment le Seigneur Jésus. »

Cet éloquent plaidoyer ne pouvait manquer de réussir. Le député fut maintenu à son poste. Malheureusement, les bruits qui avaient couru sur lui n'étaient pas tous dénués de fondement. Ils se confirmèrent en s'aggravant. De sérieuses remontrances lui furent adressées par les pasteurs du Désert. Elles ne firent que l'irriter. Il crut se disculper en les accusant à leur tour. Il prétendait qu'Antoine Court perdait son temps auprès de sa femme et à la chasse, qu'il aimait passionnément. Court eut aisément raison de ces imputations malveillantes. Il se borna à raconter en détail, à son accusateur, une tournée d'évangélisation qu'il fit en juin 1728. Il terminait ainsi son récit : « Dans l'espace de trente jours, j'ai présidé trente-deux assemblées ; j'ai administré les sacrements ; j'ai parcouru, au péril de ma vie, cent lieues de pays montagneux. Voilà comment je perds mon temps à la chasse et auprès de ma chère Rachel (1). »

Mais ces escarmouches ne duraient pas ; les deux amis se réconcilièrent, et Duplan fut maintenu député. Ce ne fut que plus tard,

(1) Puaux, *Histoire de la Réformation française*, t. VII, p. 127.

lorsque Antoine Court dirigeait, depuis long-temps déjà, le séminaire de Lausanne, que les Eglises du Désert, appréciant de plus en plus ses services, le nommèrent leur député général à la place de Duplan (1).

(1) L'ouvrage déjà cité de M. Bonnefon renferme un grand nombre de lettres de Duplan qui jettent le jour le plus intéressant sur son activité infatigable et sa profonde piété.

IX

1726-1728

L'année 1726 s'ouvrit pour le Dauphiné sous d'heureux auspices. Des besoins religieux se manifestaient de toute part, et Roger ne pouvait suffire à la tâche. « Nos affaires ne vont pas mal, » écrivait-il à Court le 1er janvier, « et nous pourrions tous les jours nous étendre ; mais nous aurions besoin du secours de quelques-uns de vos habiles et éclairés proposants ; et il serait aussi chéri que qui que ce fût de nous-mêmes. Sur l'état que j'ai envoyé à notre avocat, je lui ai fait voir que nous aurions besoin d'être dix ou douze ; et si nous étions une fois un pareil nombre, nous aurions encore besoin de redoubler, tant la moisson est grande (1). »

Au reste, Roger mettait parfois tant d'application dans l'exercice de son ministère, qu'il s'attirait les remontrances de son ami. Il lui avait écrit, le 6 août, que les Eglises jeûnaient fréquemment en signe d'humiliation et de deuil. « Je loue votre zèle, » lui répondit Court le 9 octobre, « mais je ne sais pas s'il ne va pas un peu trop loin. Je m'explique : rien de plus nécessaire, dans un temps de crise et de désolation tel que le nôtre, que le jeûne ; mais un acte de religion très propre à enflammer la dévotion peut perdre beaucoup de son efficace par une trop grande réitération. Selon moi, deux ou trois l'année devraient suffire pour le général. Permis à chacun de le célébrer souvent en particulier ; mais de faire venir le général une fois tous les mois et à un même jour, tout cela, outre qu'il a un peu l'air pharisaïque, ce qui ne serait pas une grande question, me paraît revenir trop souvent. »

C'est la même année 1726 que se réunit le

(1) *Lettres de Court*, t. III, p. 505.

premier synode national du Désert. La dernière assemblée de ce genre s'était tenue à Loudun en 1659. Depuis longtemps déjà, la cour, dominée par les Jésuites, ne cessait de porter quelque atteinte à la liberté religieuse des protestants. On put juger, à ce synode, que sa malveillance à leur égard n'avait pas diminué. Dans une des séances, le commissaire du roi annonça que Sa Majesté avait jugé à propos de suspendre indéfiniment la tenue des synodes nationaux, et « qu'elle n'en rassemblerait plus que lorsqu'elle le jugerait expédient. » Le célèbre Daillé, modérateur de l'assemblée, répondit noblement : « La tenue de nos synodes nous est d'une nécessité absolue. Il est impossible que notre religion puisse se conserver sans ces sortes d'assemblées. Les supprimer, c'est renverser entièrement la discipline de nos Eglises (1). »

Nos pères du dix-huitième siècle avaient le même sentiment. Aussi, lorsqu'ils virent le zèle et la piété se réveiller dans les Eglises et qu'ils eurent reconnu, dans leurs courses d'évangélisation, que la population protestante, tant du Languedoc que du Dauphiné et des autres provinces, était plus considérable qu'ils ne

(1) De Félice, *Histoire des synodes nationaux*, p. 238.

l'avaient cru , les pasteurs résolurent , d'un commun accord, la tenue d'un synode national. Ils voulaient réunir en un faisceau les forces vives de l'Eglise et dresser des règles communes auxquelles on se soumettrait par devoir. C'est ainsi qu'après soixante-cinq ans d'interruption , les corps synodaux allaient de nouveau fonctionner. Les hommes du Désert renouaient la chaîne brisée des traditions et reconstituaient sur ses antiques bases l'Eglise réformée de France , par un acte viril d'indépendance et de foi.

Le synode se réunit , les 16 et 17 mai , dans un vallon solitaire du Vivarais. Ses membres avaient bravé, pour s'y rendre, les plus grands périls et dû prendre des chemins détournés. Heureusement l'éveil ne fut pas donné , et le synode put poursuivre en paix ses travaux.

Il ne ressemblait aux précédents ni par le nombre de ses membres ni par leur illustration. Ici , point de théologien éminent , point de gentilhomme occupant des charges de cour. Il ne s'y trouvait que trois pasteurs sans grande culture intellectuelle , mais qui , par leur dévouement absolu à la cause de la Réforme, ont mérité l'éternelle reconnaissance des protestants. Nous les connaissons déjà. C'est d'abord Jacques Roger. Agé de cinquante et un ans , il

est dans la pleine maturité de ses forces, qu'il
conservera jusqu'à un âge avancé. A soixante
et dix ans, lorsque, à la suite de leurs travaux
multipliés, ses collègues, plus jeunes que lui,
seront brisés de fatigue, il les remplacera et
tiendra seul la campagne. C'est le plus ancien
pasteur du Désert, et nous savons le zèle et la
fidélité qu'il déploie au service de son Maître.
Les membres du synode l'appelèrent, d'une
voix unanime, à l'honneur de les présider. A
côté de lui, voici Antoine Court, l'âme de cette
réorganisation dont Roger et Pierre Corteiz sont
les bras. A peine âgé de trente ans, il jouit de
la plénitude de ses rares facultés et continue à
prendre sur les Eglises cet ascendant qu'il fera
tourner à leur bien. Les intendants ont mis sa
tête à prix, et leur police essaie, mais en vain,
de s'emparer de lui. Voici le curieux signalement
qu'elle nous a laissé de cet homme dangereux :
« Taille de 5 p. 4 p., assez bien fait, portant
ordinairement perruque courte, un peu marqué
de la petite vérole, visage plein, nez aquilin, les
yeux noirs ; il porte d'ordinaire un bouton d'or
ou d'argent à ses habits sans galons; il a toujours un chapeau bordé, portant l'épée et une
canne (1). » Il fut nommé modérateur-adjoint.

(1) *Bulletin*, t. XIX, p. 367.

Enfin, Pierre Corteiz, que nous appellerions volontiers le Farel du dix-huitième siècle, intrépide comme lui, et possédant cette éloquence populaire qui captive les masses et les entraîne. Autour de ces trois pasteurs vinrent se grouper huit proposants et trente-six anciens.

Voilà le fidèle résumé que M. de Félice nous a donné des travaux de cette assemblée (1) :

« Le premier acte du synode fut, comme dans toutes les assemblées antérieures, de lire et d'approuver la confession de foi et la discipline. Nul n'avait alors la pensée d'y contredire. C'était le fondement sur lequel nos pères voulaient tout relever.

» Après les obligations du chrétien, celles du citoyen. Ordre est donné aux fidèles d'être soumis aux puissances supérieures, au roi, aux gouverneurs, aux magistrats, et de faire pour eux des prières publiques et particulières. Admirable spectacle de les voir, à une époque où ils étaient hors la loi, proclamer et confirmer, comme l'un de leurs premiers devoirs, le respect de la loi du prince et de ses ministres, dans tout ce qui ne touchait pas à l'obéissance envers Dieu.

(1) Ouvrage cité, p. 260 et suiv. M. Hugues a reproduit en entier les actes de ce synode, ouvrage cité, t. I, *pièces et documents inédits*, p. 107.

» Rétablissement du culte public partout où l'on pourra, en y observant les usages traditionnels. Défense d'appuyer ses exhortations sur des inspirations surnaturelles et particulières. Silence aux femmes dans les exercices religieux. Injonction aux pasteurs de ne prêcher que l'Ecriture, seule règle de foi, et ce qui en sort, par des raisons claires et simples. Prudence et réserve, sous la surveillance des anciens, dans la convocation des assemblées. Nul éclat, ni bruit, ni bandes trop nombreuses. Pressante admonition aux fidèles sur le devoir de sanctifier le jour du Seigneur. Ni voyages pour affaires le dimanche, ni divertissements profanes.

» Quand le culte public est impossible, célébration du culte domestique avec quelques voisins. On a conservé la prière qui se faisait dans ces réunions du foyer. « Grand Dieu, » disaient nos pères, « nous sommes sans temples, mais remplis cette maison de ta glorieuse présence. Nous sommes sans pasteurs, mais sois toi-même notre pasteur. »

» Règles sévères pour l'admission des proposants et des ministres, et exhortations à s'acquitter fidèlement de leur charge. Quiconque troublait l'ordre ecclésiastique devait être censuré, et, s'il persistait, déposé.

» Invitation aux anciens de veiller à la sûreté des pasteurs, de leur fournir des guides et de leur préparer des retraites. La mission des laïques n'était guère moins périlleuse que celle des ministres. Pour ces derniers, s'ils étaient découverts, le supplice du gibet; pour les premiers, la peine des galères.

» Graves censures contre ceux qui feraient bénir leurs mariages ou baptiser leurs enfants dans l'Eglise romaine. Ils devaient, avant d'être reçus à la table du Seigneur, demander publiquement pardon à l'Eglise d'une si coupable lâcheté, et promettre de n'y pas retomber. Cette rigueur s'explique. Sans elle, la timidité des uns, les calculs des autres, le mauvais exemple de plusieurs auraient menacé de tout perdre. Chacun était libre de sortir de sa communion; mais tant qu'on voulait y rester et participer à ses sacrements, il ne pouvait pas être permis de la renier.

» Réunions aussi fréquentes que possible des consistoires et synodes provinciaux, ainsi que des proposants et pasteurs, afin de s'avertir et de s'encourager mutuellement dans la fidélité chrétienne.

» Aumônes et autres secours aux frères jetés en prison ou au bagne, pourvu qu'il n'y eût pas de leur faute. Ceux qui se faisaient arrêter

par témérité ou imprudence n'y avaient aucun
droit.

» Pour cet objet, une caisse de réserve était
établie, avec des boursiers spéciaux, par chaque
synode provincial. Les collectes servaient aussi
à fournir la pension d'un député général qui
était chargé de solliciter des subsides pour les
Eglises du Désert auprès des cours protestantes.

» Quiconque était traduit devant la justice
devait dire aux magistrats la vérité tout entière
sur ce qui le concernait personnellement, mais
non consentir à être le dénonciateur de ses
frères. La sincérité toujours, la trahison jamais. »

« Tels furent, » ajoute M. de Félice, « les
principaux articles adoptés dans le premier
synode national du Désert. Il ne dura que deux
jours parce qu'on avait à craindre d'être surpris ou vendu. Les détachements de la maréchaussée *roulaient*, dit Antoine Court, et
leurs recherches étaient d'autant plus actives
qu'on leur payait quelque chose pour chaque
tête de prisonnier. »

Avant de se séparer, toutefois, les pasteurs
du Désert s'adjoignirent un nouveau collègue.
Pierre Durand, qui proposait depuis sept ans la
parole de Dieu, à l'approbation générale, avait

demandé l'imposition des mains. Les pasteurs lui firent subir un examen qui les satisfit pleinement, et le synode fit droit à sa demande. Ce fut le soir que la chaire se dressa au Désert, au milieu d'un concours imposant de fidèles. Ils étaient venus de plusieurs lieues à la ronde pour assister à une cérémonie qui se renouvelait encore si rarement. Roger prononça le sermon de circonstance. Il n'eut pas besoin d'employer les ressources de l'éloquence humaine pour émouvoir les cœurs. L'heure et le lieu de la réunion, les précautions qu'on avait dû prendre pour s'y rencontrer, et surtout la solennité de l'acte qui allait s'accomplir, parlaient assez haut. Avec quels accents pénétrants l'apôtre du Désert dut montrer à son jeune ami les périls en même temps que l'excellence et la douceur du ministère évangélique et appeler sur lui les lumières et l'assistance de l'Esprit-Saint! et l'auditoire, saisi par cette parole sympathique dans sa rudesse, ne se doutait pas que l'intolérance religieuse devait, à quelques années d'intervalle, dresser la potence du nouveau pasteur et de celui qui l'introduisait dans la carrière.

Après la prédication, Durand se mit à genoux et promit par serment « de n'enseigner rien qui ne fût contenu dans l'Écriture sainte, d'exhorter les peuples à l'obéissance et de ne favoriser aucune sédition ; » puis, les trois pasteurs lui imposant les mains, Roger dit à haute voix : « Pierre Durand, nous te donnons permission, au nom de Jésus-Christ et par l'autorité de notre assemblée synodale, de prêcher la parole de Dieu, d'administrer les sacrements et d'exercer la discipline (1). »

Voici l'acte de consécration signé des pasteurs et proposants du synode, et dont nous avons la minute sous les yeux :

« Aux lecteurs, paix et bénédiction de Dieu.

» Pierre Durand, du lieu du Bouschet, paroisse de Pransles, en Vivarais, ayant proposé, l'espace d'environ sept ans, dans les Eglises qui s'assemblent sous la croix, en Vivarais, à la grande édification de tous les fidèles, avec beaucoup d'érudition, de piété et de zèle ; et lui ayant été adressée la vocation au saint ministère par une assemblée synodale le 11 septembre 1724, continuée aux assemblées synodales du 21 juin et du 29 août 1725, s'est enfin présenté, par l'ordre du synode national, tenu en Vivarais le 16 mai 1726, pour être examiné et reçu dans le saint ministère ; à quoi nous, les soubsignés, ayant acquiescé, il a été exa-

(1) Meynadier, *Pierre Durand, pasteur du Désert et martyr*, p. 78.

miné dans la vie et dans les mœurs et par un examen en théologie, en présence des députés à ce nommés, et, après avoir heureusement proposé de la parole de Dieu en notre présence, nous avons demeuré très satisfaits de l'un et de l'autre, et avons reconnu que le Seigneur lui avait départi des talents considérables pour l'édification de son Eglise. C'est pourquoi nous lui avons conféré, à la face d'une assemblée publique, l'ordination, selon la manière de l'imposition des mains reçue dans nos Eglises, pour remplir toutes les fonctions du saint ministère, soit dans la prédication de la parole de Dieu, l'administration des saints sacrements, soit dans l'exercice de la discipline ecclésiastique et dans tout ce qui en dépend, et lui avons donné la main d'association.

» Qu'il plaise à Dieu que, par son Saint-Esprit, Il le sanctifie et fortifie dans la vérité, qu'Il le remplisse de ses grâces et qu'Il fasse réussir son ministère, à la gloire de son saint nom et à l'avancement du règne de Jésus-Christ.

» Au Désert, le 17 mai 1726.

» En foy de quoi nous nous sommes signés : Roger, pasteur député des Eglises du Dauphiné et modérateur du présent synode ; A. Court, pasteur député des Eglises du Languedoc et Cévennes et modérateur adjoint ; Corteiz, pasteur et député des Eglises de Languedoc et Cévennes. »

Suivent les signatures de sept proposants qui approuvent ce certificat (1).

Le jeune pasteur reprit ses travaux avec un nouveau courage, et, malgré le péril des temps, il songea à se donner une compagne. Il se fiança, le 26 décembre, à Anne Rouvier, de la paroisse de Saint-Etienne-du-Serre, et désira que le pasteur qui l'avait introduit dans la carrière pastorale bénît son union. Roger se rendit à son désir, et la célébration du mariage eut lieu le 10 mars de l'année suivante. Voici le certificat que Roger délivra aux deux époux :

« Je soussigné déclare, atteste et certifie qu'ayant vu un contrat de mariage passé entre Pierre Durand, fils légitime de sieur Estienne, expert, et de feue Glaudine Gamonet, du lieu du Bouschet, paroisse de Pransles, et damoiselle Anne Rouvier, fille aussi légitime de feu sieur Jacques, notaire royal, et damoiselle Isabeau Sautel, du lieu de Craux, paroisse de

---

(1) *Recueil des actes des synodes tenus en la province du Vivarais, de 1721 à 1793*, p. 19. Ce recueil précieux est manuscrit et appartient aux archives du consistoire de Lavoulte (Ardèche).

Saint-Etienne-du-Serre, le tout diocèse de Viviers, sous le consentement de leurs père et mère, selon qu'il paraît par leurs signatures et celles des témoins irrévocables, et les susdites parties m'ayant requis de bénir leur mariage, selon la forme et liturgie de la religion chrétienne et réformée, je le leur ai aussi béni, ce dix mars dix-sept cent vingt-sept, après l'exercice du soir, conformément aux devoirs de mon ministère, et selon l'autorité qui m'a été conférée dans un colloque au Wurtemberg, par l'imposition des mains qui me fut alors accordée ; et m'ayant requis que je leur donnasse un certificat de ce fait, je le leur ai aussi donné, d'autant que témoignage de vérité n'en doit point être refusé, afin qu'ils puissent s'en servir où besoin sera ; et me suis signé.

» Ce 11 mars 1727, Roger, pasteur. »

Suivent les signatures de trois proposants présents à la cérémonie.

Le lendemain de cette fête intéressante, Court écrivit à Roger. Il répondait à une lettre de ce dernier que nous n'avons pu retrouver, mais qui renfermait sans doute quelques expressions un peu vives qui lui avaient fait de la peine. Il s'éleva plus d'une fois entre eux — nous aurons l'occasion d'y revenir — des dissentiments sérieux qu'explique le caractère un peu absolu de ces hommes, jaloux des droits de leurs Eglises respective , et inquiets de la prépondérance religieuse ie telle province aurait voulu, dans telle circonstance donnée, exercer au détriment des autres. Roger en parculier ne reconnaissait au Languedoc aucune suprématie sur le Dauphiné, et il en écrivait parfois, nous l'avons déjà vu, très vivement à Court. Celui-ci, plus calme et plus mesuré dans ses expressions, sermonnait son collègue. Les hommes les plus dévoués et les plus pieux ont leurs faiblesses et leurs misères qu'un biographe impartial doit relever à côté de leurs qualités. Au reste, Court donnait à son collègue des conseils qui sont toujours de saison, et qui sans doute étaient motivés. « Il y a très longtemps, » lui disait-il, « que j'ai reçu une de vos lettres. J'y aurais fait réponse sur-le-champ, nonobstant certains endroits un peu durs que vous aviez mal digérés sans doute, ou pour ne pas bien me connaître ou pour n'être pas bien informé des choses sur lesquelles vous m'écrivez. J'aurais dû vous répondre sur-le-champ si j'avais eu une adresse sûre ; mais, faute d'en avoir, j'aimai mieux demeurer dans le silence que de risquer ma lettre. Je le fais aujourd'hui, mais en laissant dans un éternel oubli ce qui pourrait me fâcher. Je souhaiterais seulement pouvoir vous représenter sans vous déplaire qu'il est important, avant que d'écrire, d'être bien informé des sujets sur lesquels on écrit, et de les arranger de telle sorte qu'on ne blesse ni la vérité ni la charité. Vous savez, mon cher frère, que nous devons être des modèles de douceur, d'humanité et de charité, que toutes nos paroles et tous nos discours doivent être assaisonnés de sel avec grâce, que nous devons, autant qu'il dépend de nous, entretenir entre nous une union ferme et indissoluble, tendre et empressée, avoir de l'amour, de l'attachement et du support les uns pour les autres, nous corrigeant doucement et charitablement les uns les autres, lorsqu'il nous arrive, ce qui n'est que trop souvent, de tomber dans quelque faute, nous souvenant que nous sommes appelés à cela et qu'il n'y a pas de moyen plus propre à nous faire veiller et travailler plus efficacement au grand ouvrage pour lequel Dieu nous a faits. » « Dieu veuille rendre efficace, » ajoutait Court, « le ministère de ses serviteurs et faire triompher l'Evangile de son Fils en tout lieu. » Puis il terminait par ces paroles, qui montrent qu'il ne gardait pas rancune à son collègue et qu'il croyait à son affection : « Adieu, mon cher frère, aimez-moi toujours.

Le synode provincial des Cévennes, tenu le
26 avril de l'année précédente, avait décidé la
création d'un *Conseil extraordinaire*, à l'imita-
tion du *Conseil général*, créé en 1594, sur l'initiative de Duplessis-Mornay. Il devait résoudre les questions importantes qui pourraient se
présenter dans l'intervalle des réunions synodales. Cette mesure excellente, dont Corteiz fut
le promoteur, avait le tort grave d'avoir été
prise sans l'avis de toutes les Eglises. Court,
lui-même, n'en fut averti que lorsqu'elle eut
été votée. Cette innovation souleva quelques
murmures, et Roger, toujours jaloux des droits
des Eglises, ne l'approuva pas sans réserve.
Dans une lettre, du 4 avril 1727, il la trouve
« contraire aux droits des synodes, » et dans
une autre, du 3 juillet, il se plaint : « de ce
qu'on n'a pas consulté et recueilli les voix dans
un cas de cette nature (1). »

Un nouveau synode général se tint dans le
Dauphiné, le 11 octobre de cette année. Il se
composait de trois pasteurs : Jacques Roger,
Pierre Durand et Jean Martel ; de cinq proposants : Paul Faure, Villeveyre, Bernard, Boyer,
député général des Eglises du Languedoc et
des Cévennes, et Fauriel, député des Eglises

(1) *Bulletin*, t. II, p. 240.

du Vivarais, et de trente-cinq anciens. Jacques Roger fut nommé modérateur, Durand modérateur adjoint, et Boyer secrétaire. Le premier article porte : « Que les proposants qui ont servi et signé sous le nom de proposants, se nommeront et signeront, désormais, prédicateurs. » Une autre mesure plus importante fut de défendre le port d'armes dans les assemblées, sous peine de censure publique et même de suspension de la cène. Nos pères se rappelaient que « les armes de notre milice ne sont point charnelles, » et voulaient ôter ainsi tout prétexte aux accusations de rébellion qu'on ne cessait de lancer contre eux. La convocation annuelle des synodes nationaux, décidée l'année précédente, étant jugée impraticable, le *Conseil extraordinaire*, dont il est question plus haut, et qui avait à peu près les pouvoirs d'une commission exécutive, fut maintenu; mais on eut soin d'en préciser avec détail les attributions et la durée. On en fit de même pour les pouvoirs du député général qui siégeait à Londres. Il ne devait agir que d'après les instructions du synode national, et ne rien faire qui pût porter atteinte à la puissance du roi et à son gouvernement.

Ce qui préoccupait surtout les membres du synode c'étaient les sympathies persistantes de

Duplan pour les inspirés. Il avait promis de rompre toute relation avec eux, mais on le savait faible sur ce point. Les instructions qu'on lui fit parvenir renfermaient ce passage : « Le député général s'abstiendra, avec la plus grande circonspection, de tout commerce particulier ou public avec tous ceux que, dans les derniers temps, on appelait Inspirés ou Prophètes ; non seulement parce que la gloire de Dieu le demande, l'édification de l'Eglise, mais aussi la promesse qu'il en a faite lui-même, dans une lettre qui sera conservée dans les documents de nos Eglises. »

Cette insistance fit de la peine à Duplan. Il répondit au synode, le 2 janvier 1728 : « Je ne sais par quelle espèce de fatalité un esprit de jalousie, de méfiance et de division s'est glissé parmi nous. J'ai en vain envoyé des attestations de la pureté de ma foi et bonne conduite, à l'égard du culte religieux sur lequel on m'avait attaqué. Le témoignage de quelques particuliers, peu instruits des faits, a prévalu sur celui d'un nombre considérable de pasteurs sages, pieux, désintéressés, sous les yeux desquels je vis et avec lesquels je suis en commerce. Il est vrai que j'ai eu quelques sentiments particuliers ; mais ceux-là même qui n'étaient pas de mon sentiment ont reconnu qu'ils n'étaient pas dangereux, attendu que je renvoie tout à l'examen de la raison et à l'épreuve de la parole de Dieu. Toutes mes justifications à cet égard n'ont servi de rien ; on a continué de me faire la guerre ; plusieurs ont même fait leurs efforts pour m'ôter ma commission sous divers prétextes, dont les principaux étaient qu'on attribuerait mes sentiments particuliers à tout le corps, ce qui le le rendrait méprisable et suspect de fanatisme. J'ai tâché de lever tous ces obstacles contraires à ma députation. » Et il ajoutait de nouveau qu'il éviterait tout commerce avec les inspirés, « autant que la charité le peut permettre. » Il parlait ensuite des graves dangers que couraient les Eglises et après avoir adressé aux pasteurs et anciens de ces Eglises qui, selon son expression, « gémissaient sous la croix, » cette exhortation pressante : « Humilions-nous tous ensemble ; unis d'esprit quoique séparés de corps, fléchissons la colère de Dieu, demandons lui notre conversion, celle de nos ennemis, afin que nous jouissions tous de la précieuse liberté de servir Dieu, selon sa parole ; » il terminait par ces mots touchants :

« Cette nouvelle année dans laquelle nous venons d'entrer me donne occasion, messieurs et très chers frères, de renouveler mes vœux les plus ardents et les plus sincères en votre faveur. Dieu veuille, par sa grâce, vous donner les marques les plus sensibles et les plus éclatantes de sa protection! Dieu veuille vous accorder la précieuse liberté de le servir dans la sainteté et la justice sans crainte de vos ennemis! Dieu veuille enfin vous accorder dans le ciel la félicité éternelle après vous avoir comblés, pendant longtemps en ce monde, des prospérités spirituelles et temporelles! »

Selon le désir de Duplan, sa lettre fut lue dans le synode provincial du Dauphiné que Roger présida le 30 avril suivant; et ce vénérable corps délivra au gentilhomme d'Alais une nouvelle attestation, scellée du sceau des Eglises et signée de Roger, Villeveyre, Paul Faure et Jacques Badon. Les pasteurs du Désert y rendaient un beau témoignage au député qui nous a donné, disaient-ils, « toutes les marques et les preuves les plus convaincantes qu'il remplit les devoirs de son emploi avec un attachement véritablement chrétien (1). »

C'est ainsi que les Eglises sous la Croix prenaient de plus en plus conscience d'elles-mêmes et se préparaient, par une action commune, aux jours d'épreuve qu'elles devaient

(1) Voir Bonnefon, ouvrage cité, p. 176 et suiv.

encore traverser. Au milieu de difficultés sans cesse renaissantes, « elles se parlaient l'une à l'autre, » comme les contemporains de Néhémie et imploraient ensemble le secours d'En-Haut. Leur attente ne fut pas trompée et elles réalisèrent, au milieu des persécutions, la parole de Pascal : « Bel état de l'Eglise, lorsqu'elle n'est plus soutenue que de Dieu! »

X

1728-1729

A mesure qu'ils voyaient le succès couronner leurs efforts et s'étendre leur champ de travail, les pasteurs du Désert sentaient le besoin de fonder une école qui fût pour les Eglises une pépinière de conducteurs capables et dévoués. En effet, la persécution décimait leur nombre déjà si restreint. En 1728, le jeune proposant Alexandre Roussel avait souffert le martyre à Montpellier, et ces vides, aucun pasteur réfugié ne venait les remplir. Ils préféraient l'hospitalité de la terre étrangère aux persécutions de la mère patrie, et auraient volontiers répondu comme Saurin : « Nous trouvons dans les pays étrangers un dédommagement universel aux sacrifices que nous avons faits pour notre religion. » Roger et ses amis, nous l'avons vu dans leur réponse à Basnage, pensaient autrement. Ils se réunirent pour délibérer sur cette grave matière, et voici l'acte qu'ils dressèrent à cette occasion. « Ce dimanche, 15ᵉ jour du mois de mai 1729, a été convenu entre nous, pasteurs et prédicateurs du Désert, en France, qu'à l'avenir, nous donnerons permission à tous nos frères, qui aspirent au saint ministère, et en qui nous trouvons les qualités requises, de se faire recevoir dans les académies du pays étranger, supposé que la Providence les y conduisît munis de nos attestations, et nous sommes signés : Corteiz, Court, Claris, Roux, Roger, Maroger, Bétrine, pasteurs ; Rouvière, Bourbonnous, prédicateurs (1). »

Ce n'était là qu'un premier pas vers la fondation du séminaire de Lausanne. Les Etats protestants vinrent en aide à ce projet par leur appui moral et leurs secours pécuniaires. William Wake, archevêque de Cantorbéry, et le

(1) Ch. Coquerel, ouvrage cité, t. I, p. 196. Bourbonnous est le même que Montbonnoux.

professeur Turretin, de Genève, s'y employè-
rent activement, et, à la fin du mois d'août,
Court, désigné par la voix unanime de ses collègues, se sépara, non sans déchirement, de
ses chères Eglises, pour prendre la direction
du séminaire de Lausanne. Cet utile établissement, qui fut ouvert de 1730 à 1809, devait
fournir environ quatre cent cinquante pasteurs
aux Eglises réformées de France.

Un évènement qui ne fut pas étranger à la pensée de fonder un séminaire, et qui faillit compromettre la bonne harmonie des Eglises, reçut à
cette époque une heureuse solution. Un jeune
protestant du Languedoc, Jacques Boyer, ser-
vait comme dragon dans les troupes du roi, lorsque, poussé par son zèle, il se mit à parler dans
les assemblées du Désert. Ses exhortations furent
goûtées à tel point, que les Eglises de Lasalle,
Durfort et Monoblet lui adressèrent vocation.
Elles se cotisèrent pour lui fournir les 200 livres
dont il avait besoin pour se libérer ; et lorsqu'il fut
au milieu d'elles, Boyer, à peine âgé de vingt-
deux ans, et qui, d'ailleurs, n'avait fait aucune
étude préparatoire, fut reçu au nombre des
prédicateurs sans que le synode provincial en
fût avisé. Court et Roger, qui travaillaient depuis si longtemps au rétablissement de la discipline, virent avec une profonde douleur cette

infraction aux règles établies. Leur mécontentement fut porté à son comble lorsque Boyer et un autre proposant, nommé Roux, qui se trouvait dans la même situation que lui, allèrent, de leur propre chef, demander et recevoir à Zurich l'imposition des mains. Cette affaire provoqua un échange de lettres entre Roger et les pasteurs du Languedoc. Voici ce qu'il leur écrivait le 9 mai 1729 : « Messieurs et très honorés frères, j'ai reçu votre lettre, par laquelle vous me prévenez que MM. Roux et Boyer ont reçu l'ordination à l'Académie de Zurich. Vous alléguez des raisons de nos amis du pays étranger. Je veux convenir de la vérité de tous ces faits ; mais il me semble que vous êtes bien retenus pour ne pas me communiquer aucune des raisons de ces Messieurs nos amis, moi qui ai pour eux tant de déférence. Mais, revenant au sujet pour lequel vous me demandez notre approbation, — la consécration des deux pasteurs, — cela étant directement contraire à un article du national, je n'y puis rien dire. D'ailleurs, comme je devrais répondre pour tout notre corps, je me trouve indispensablement obligé de demander leur consentement ; et tout ce que je puis vous dire, c'est qu'il serait nécessaire que ce fût le national qui en décidât. Vous faites paraître une surprise qu'il paraisse quelque mésintelligence entre vous et nous. Je vous dirai que si cela vous est inconnu, les indiscrétions de M. Boyer en sont les principales causes. » Et plus loin : « Vous me permettrez, au reste, que je vous avoue, avec le respect que je vous dois, que dans ce que vous faites, qui peut influer sur tout le corps de nos Eglises, vous faites paraître un peu trop de supériorité pour l'union des parties qui ont chacune leur droit particulier. On doit faire paraître un peu plus d'égard à ce qui a donné lieu au mémoire dont notre synode vous a envoyé la substance. C'est en qualité de frère que je prends la liberté de vous dire mon sentiment. »

Cette lettre est sévère et montre bien la peine que Roger dut éprouver en présence de cette grave infraction à la discipline qu'il avait tant contribué à rétablir. Il paraît que les professeurs Turretin et Maurice de Genève, ainsi que Vial de Beaumont, ancien pasteur de Grenoble, avec lesquels il eut occasion de correspondre, parvinrent à lui montrer combien son opposition, quelque légitime qu'elle fût, pourrait avoir de funestes conséquences (1). Les pasteurs du Languedoc, Court et Corteiz, dé-

(1) Haag, *France protestante*, art. *Durand*.

cidèrent de leur donner la main d'association :
« vu la confession que ces frères ont faite
d'avoir violé notre discipline et d'être coupables pour avoir manqué à demander notre consentement pour la vocation qu'ils ont reçue. »
Ils voulaient seulement obtenir l'approbation
de leurs collègues du Dauphiné et du Vivarais,
Roger et Durand. Roger ne persista pas dans
son opposition, et un colloque qu'il présida au
mois de juillet suivant, et dont Villeveyre fut
le secrétaire, accorda en ces termes l'approbation demandée :

« Nous pasteur, prédicateurs et anciens du
Dauphiné, députés des cinq premières Eglises
qui ont reçu l'ordre dans le Dauphiné, assemblés en colloque, ayant examiné la confirmation
que nos très chers frères, les pasteurs et prédicateurs du Languedoc, ont accordée à la vocation que nos très chers frères Roux et Boyer
ont obtenue dans le pays étranger, et vu les
représentations charitables de Messieurs nos
amis, avons, par voix unanime, approuvé cette
confirmation, qui a été faite le 16 mai dernier,
les regardant comme vrais pasteurs légitime-
ment appelés en cette qualité, notre pasteur
Roger leur donnant la main d'association, et
avons conclu qu'à notre premier synode provincial, nous ferions enregistrer la présente

approbation, et [que] notre modérateur et secrétaire ne feraient faute de l'envoyer au plus
tôt à Messieurs nos très chers et bien-aimés
frères sus-nommés. »

Roger notifia le jour même, au nom de l'assemblée, cette décision aux pasteurs du Languedoc, en la faisant suivre de ces remarques :
« N'ayant pu tenir notre synode à cause des
difficultés de la saison, nous nous sommes assemblés en colloque, ce 9 juillet, non tant pour
nos affaires particulières que pour répondre à
votre lettre du mois dernier envoyée à notre
pasteur, et parce que les sujets qu'elle aborde
sont de la dernière importance. Nous conve-
nons que M. Roger a très bien fait de ne pas
vouloir décider la chose de son chef. »

« Après avoir tout considéré, » ajoutait-il,
« nous avons pleinement approuvé la vocation
reçue par nos très chers et bien-aimés frères et
la confirmation que vous en avez faite ; mais
nous souhaiterions que, puisque cela regarde
toutes les Eglises soumises à nos règlements,
le national et chaque provincial la ratifiassent,
non pour y apporter aucun changement, mais
pour une plus ample confirmation et afin que
personne ne puisse la contester ; car pour la
réception au saint ministère, nous sommes as-
surés que chaque corps particulier, qui fait

partie de notre sainte communion, a un plein droit d'y appeler ceux en qui on trouve les qualités nécessaires. Les circonstances présentes et les apparences de l'avenir rendant impraticable l'article qui restreint les impositions au national, nous trouvons qu'il est absolument nécessaire de l'annuler entièrement. » En même temps Roger et ses amis conseillaient d'accorder ce droit aux synodes provinciaux, en laissant les candidats libres de se faire consacrer par le synode de leur ressort ou d'aller, munis d'attestations suffisantes, recevoir ailleurs l'imposition des mains. Ils demandaient seulement que, lorsqu'il y aurait une consécration, les pasteurs des autres provinces en fussent avertis, afin qu'il leur fût loisible de s'y rendre.

Au reste, toute cette lettre respire un mécontentement général à l'égard des Eglises du Languedoc. Sans doute, ces dissentiments ne portaient que sur des points secondaires. Nous ne lisons pas moins avec peine ces phrases qui nous étonnent : « Il serait nécessaire, quand vous envoyez les prédicateurs à l'étranger afin d'y perfectionner leurs études, que vous fissiez paraître plus d'égard aux droits des autres provinces que vous n'avez fait paraître par le passé ; ou bien que cela fût réglé de manière que personne ne puisse se plaindre. Si on ne règle pas et si on n'observe pas les égards que nous indiquons, nous prévoyons qu'il n'y aura que trop lieu à la division , nonobstant la résolution des nationaux. »

L'année suivante , nous voyons percer les mêmes reproches dans une lettre adressée par Roger et ses collègues au synode qui se tint dans le Vivarais, le 27 décembre. Ils se plaignent « qu'à certains endroits on a voulu paraître en maître et s'attirer tous les bénéfices sans égards aux droits des autres. » Ils ajoutent que « les fruits devraient être communs ; qu'il n'est pas juste d'envoyer à l'étranger prédicateur sur prédicateur pour s'y perfectionner , tandis que d'autres y ont les mêmes droits ; que c'est en vain que le Languedoc prétend faire des lois de son propre mouvement ; qu'il faut que les affaires soient communiquées (1). »

On le voit, le tableau des Eglises du Désert présente des ombres et nous n'avons pas songé à les atténuer. Au début de la réforme ecclésiastique, les protestants du Languedoc apportèrent peut-être, dans leurs relations avec ceux des autres provinces, quelques prétentions de supériorité qu'expliquent, sans les justifier, leur nombre imposant et la grandeur de leurs souf-

(1) Ch. Coquerel, ouvrage cité, t. I, p. 203.

frances. Leurs frères en conçurent de légitimes inquiétudes. La forme presbytérienne synodale, adoptée dès l'origine par nos réformateurs, consacre en effet l'égalité absolue des Eglises entre elles. Point de métropole dans leur sein. C'est au synode national qu'appartient l'autorité suprême, et, composé comme il l'est des délégués des synodes provinciaux, dont les membres, à leur tour, sont choisis parmi les ministres et les anciens des paroisses, il constitue en réalité le gouvernement de l'Eglise par l'Eglise. C'est cette organisation essentiellement libérale et démocratique que Roger voulait sauvegarder. Au reste, des points de vue différents et parfois opposés ne pouvaient manquer de se produire dans cette œuvre difficile et complexe de réorganisation dont nos pères avaient à rassembler tous les matériaux, sans pouvoir toujours se concerter et combiner leurs efforts. Lorsqu'ils se retrouvaient dans leurs réunions synodales, les explications fraternelles avaient lieu, les préventions se dissipaient. Ils resserraient dans la prière les liens affectueux qui les unissaient, et l'on se séparait plus fort pour aller au-devant des difficultés qui renaissaient à chaque pas.

XI

1729-1735

Si les ministres de Louis XV avaient compté sur les mesures de rigueur pour réduire les protestants, ils devaient être pleinement édifiés sur l'efficacité de pareils moyens. Bien loin de rétablir l'unité de culte, la persécution avait achevé d'éclairer nos pères sur les erreurs d'une Eglise qui empruntait au bras séculier ses meilleurs arguments. Les *nouveaux convertis* n'avaient point persévéré. Fontanieu, l'intendant de Grenoble, vaincu par l'évidence, avait dû l'avouer dans son rapport à la cour; et ce que monseigneur de Milon, évêque de Valence, disait en 1731 de ceux de Beaumont, était vrai de tous les autres : « Ils participent rarement aux exercices du culte, travaillent les jours de fête, vivent la plupart en concubinage et meurent en huguenots. Indociles et entêtés, ils refusent d'envoyer leurs enfants à l'école, se réunissent en assemblées, reçoivent des ministres prédicants, quêteurs adroits qui, sous prétexte de secourir des frères honteux, leur extorquent des sommes considérables (1). »

Roger et ses collègues, que l'évêque de Valence a le triste courage d'assimiler à des escrocs, n'en continuaient pas moins avec succès, à travers les calomnies et les souffrances, leur ministère béni. A cette époque, le pasteur du Dauphiné envoya un état des protestants de la province à Corteiz. Ils se comptaient par milliers. « Mais on m'a fait entrevoir, » disait-il, « que si l'on faisait un dénombrement, le nombre en serait beaucoup plus considérable. » De toute part, en effet, les timides et les indécis levaient la tête.

____

(1) L'abbé A. Vincent, *Notice historique sur Beaumont-lès-Valence*, p. 51.

Un moyen efficace d'atteindre les protestants encore en dehors de son influence, c'étaient les livres de piété. Il tâchait d'en pourvoir tous les endroits qu'il ne pouvait visiter régulièrement. « Si vous donniez ordre de nous envoyer des livres pour le public, » écrivait-il à Court, « nous jugerions à propos que ce fût en grande partie de petits livres comme des prières, catéchismes, cantiques, psaumes, pour faire tenir aux lieux où nous ne dominons point, afin que cela leur donne occasion de nous mieux recevoir et de se conformer à nos règlements, lorsque nous nous trouverons en état de les revoir. » Dans la même lettre, il lui accusait réception d'un envoi de ce genre : « Nous avons reçu la marchandise de la main de M. Gras. Comme elle consiste presque toute en *Lettres à un protestant de France* (1) ou en Testaments, nous avons résolu d'envoyer à nos frères du Vivarais, environ cinq douzaines de ces exemplaires, avec deux des paraphrases de l'Apocalypse et des Psaumes, et les autres de les distribuer aux Eglises que nous servons, et pour les Testaments, d'en faire tenir dans les

---

(1) Voici le titre complet de cet ouvrage : *Lettres à un protestant français, touchant la déclaration du roi*, par un pasteur de l'Eglise réformée. 2 vol., chez Thomas Litonne, Londres, 1725. Il en parut une seconde édition en 1733.

endroits où nous ne sommes pas établis. » Il ajoutait : « La *Théologie* de M. Pégorier, nous la gardons pour l'usage de notre école, et si vous pouviez nous faire tenir la *Logique* de M. de Crouzat (1), elle nous serait aussi fort utile. Jusqu'à présent, nous n'avons eu que trois jeunes hommes à l'étude. Dans quelques jours nous allons augmenter de deux, et nous espérons qu'ils feront des progrès, en sorte que, dans un an, ils pourront nous aider, et, dans deux années d'études, seront en état de fournir des pasteurs. » « Procurez-nous, » disait-il en terminant, « les moyens de servir tout le pays de cette province, ce que notre petit nombre nous met dans l'impossibilité de faire. C'est ce que je m'assure que vous aurez le soin de faire dans toutes les occasions et dans tous les lieux où vous cheminerez, sous la sage direction de l'adorable Providence, et pour le bien de toutes les Eglises déchues de ce royaume. Nous prions tous Dieu de rendre vos voyages fructueux pour sa plus grande gloire et pour le salut de plus d'un million de pauvres âmes (2). »

(1) Voici ce qu'en disait Saurin : « Nous y avons trouvé d'excellentes choses, mais un style un peu diffus et des règles trop vagues. » Gaberel, *Jacques Saurin*, p. 149.

(2) Lettre du 9 mai 1731.

Le 11 novembre 1730 (1), les pasteurs du Dauphiné avaient tenu un synode provincial au Désert. Grande joie pour Roger : Paul Faure, qui avait proposé cinq ans avec succès dans les Eglises, et qui venait de passer un an au séminaire de Lausanne (2), y fut reçu ministre, et cette cérémonie, encore si nouvelle, se fit au milieu d'un concours empressé des fidèles. On pouvait constater les progrès réjouissants de l'œuvre. Dans le courant de l'année, quatre nouveaux corps d'Eglises, parmi lesquels celui de Die, avaient adopté les règlements. De plus, Roger avait entrée dans un pays considérable, sans doute le val de Trièves, où il put organiser cinq Eglises, et ces nouveaux frères étaient pleins d'ardeur. Dans une lettre à Court, qui renferme tous ces détails, Roger ne cache pas les espérances qu'ils lui font concevoir. On le réclamait aussi dans le Comtat et dans la Provence ; mais comment répondre à tous ces appels ? Les ouvriers faisaient défaut. Le synode en demanda un au Vivarais, et il résolut d'inviter les jeunes gens bien disposés

(1) Avant ce synode, Roger avait assisté au synode national tenu dans le Vivarais, le 27 septembre 1730, et qui prit certaines résolutions relatives à Duplan. Voir Bonnefon, ouv. cité, p. 213.

(2) Voir la lettre curieuse qui raconte son retour en France, E. Hugues, ouv. cité, t. II, p. 53-55.

à prendre le Désert. Ils recevraient des leçons de Roger ou de Faure, et, en accompagnant ces hommes de foi dans leurs courses incessantes, l'occasion ne leur manquerait pas d'unir la pratique à la théorie. Trois articles furent dressés pour régler ce point, et nous avons vu Roger demander à Court des ouvrages pour l'éducation de ses élèves ambulants.

Si les Eglises du Dauphiné étaient relativement tranquilles, celles de la rive droite du Rhône traversaient des jours sombres et elles étaient à la veille de perdre leur pasteur dévoué. Pierre Durand poursuivait au milieu d'elles, avec une activité infatigable, son œuvre de restauration. Ses dons éminents lui avaient acquis de bonne heure une grande influence, et il fut chargé de présider le synode national de 1730. « Il fait plus de mal dans le Vivarais, » disait un catholique, « que Calvin n'en a fait en France, en Angleterre, ni ailleurs. » On offrit mille écus à celui qui le livrerait. Son père, vieillard septuagénaire, fut enfermé dans le fort de Brescou, et sa délivrance subordonnée au départ de son fils pour l'étranger. Cette nouvelle brisa le cœur de ce dernier, mais il resta à son poste. Il eut soin, toutefois, d'envoyer sa femme à Lausanne. Là, du moins, elle serait en sûreté (1).

A cette époque, Durand faisait des courses fréquentes dans le Dauphiné. « Il va souvent au lieu de Beaumont, près de Valence, » disait le subdélégué de cette ville dans un mémoire adressé à M. de Bernage, intendant du Languedoc. « On croit qu'il loge chez la veuve du nommé Fusier. Il a marié Louis Fusier, fils de cette veuve, et plusieurs autres, et il a baptisé, dans le mois de septembre 1731, un enfant du nommé Bost, fermier du sieur de Beaulieu. Le nommé Pouchoulin, aussi du même lieu de Beaumont, est soupçonné d'avoir été son mandeur, et de recueillir des contributions qu'on lui sert, tant audit Beaumont que dans les lieux circonvoisins... On n'a point découvert où il loge. On le soupçonne aussi d'avoir été souvent aux lieux de Gigors, Beaufort, Bourdeaux, Espenel et Pontaix, diocèse de Die. » Et le mémoire ajoutait : « On pourrait savoir par lui ce que sont devenus les nommés Court, Dourthias et Jacques, aussi prédicants, et où sont leurs retraites (2). — On se rappelle que Jacques était le nom de guerre de Roger.

____

(1) Ses enfants n'allèrent à Lausanne qu'après la mort de leur père.

(2) Meynadier, ouvrage cité, p. 70.

Des recherches aussi activement poursuivies ne devaient que trop aboutir. Surpris dans la nuit du 12 au 13 février 1732, sur la route de Saint-Jean-Chambre à Vernoux, le fidèle pasteur répondit à l'officier qui lui demandait s'il était M. Durand : « Oui, monsieur, je le suis, et je connais aujourd'hui que mon heure est venue pour passer de ce monde au Père des esprits. » On l'enferma dans les prisons de Tournon, et c'est de là qu'il écrivit à un ami : « Au reste, mon cher frère, ma course sera bientôt finie. Dieu aidant, dans peu de temps, je scellerai l'Evangile que j'ai prêché. Je vous prie de prier le Seigneur en ma faveur, qu'il me pardonne mes péchés, qu'il me sanctifie par son Saint-Esprit, et qu'il me soutienne dans toutes mes épreuves. Grâce à Dieu, j'ai rendu témoignage de ce que je crois ; Dieu m'a donné la force de confesser librement qui je suis. Je prie le Seigneur de me faire la grâce de finir mes jours dans son amour et dans sa crainte (1). »

La nouvelle de cette capture excita à Versailles des transports de joie, et la cour approuva « qu'on fît payer, sur le fonds des amendes, les 4,000 livres de gratification qu'on avait pro-

(1) Meynadier, ouvrage cité, p. 55.

mises pour ceux qui feraient prendre cet homme. » Mais ce qui faisait la joie des ennemis de l'Evangile plongeait dans la désolation le troupeau du fidèle pasteur. Il y eut trois jours de jeûne pour implorer en sa faveur l'assistance divine ; « et, enfin, on poussa l'extravagance, » ajoute M. La Devèze, « jusqu'à prendre le deuil pendant ces trois jours. » Détail touchant qui honore à la fois la mémoire du pasteur et des paroissiens.

Trop de charges pesaient sur le prévenu, pour que l'issue du procès fût douteuse. Après avoir rendu, dans son interrogatoire, un viril témoignage à sa foi, Durand la scella de son sang, à Montpellier, le 22 avril. Il avait trente-deux ans. Sa femme courba la tête, sans murmurer, en apprenant la fatale nouvelle. « Dieu me l'avait donné, » dit-elle, « Dieu me l'a ôté. Que son saint nom soit béni ! » Elle ajoutait toutefois : « Il me manque tant (1) ! »

Les poètes des bords de l'Eyrieux chantèrent dans leurs vers incultes, mais pleins de ferveur religieuse, cette mort qui causa dans tout le Vivarais une impression profonde. Nous n'avons pas trouvé moins de quatre complaintes inédites sur le martyre de Durand. L'une d'entre elles

(1) Puaux, ouvrage cité, t. VII, p. 155.

est particulièrement intéressante. Après avoir
parlé des efforts tentés par les Jésuites pour
lui arracher une abjuration, le poète continue
en ces termes :

Il leur dit qu'aux puissances,
Par ordre du Seigneur,
Devons l'obéissance,
Le respect et l'honneur.
C'est ce dont je m'acquitte
En rendant en tout lieu,
Au roi ce qu'il mérite
Et la gloire à mon Dieu.

Au pied de la potence
Il se mit à genoux,
Priant avec instance
Jésus-Christ, son époux ;
En voyant qu'il l'appelle
Au séjour bienheureux,
D'abord monta l'échelle
Avec un air joyeux.

Au plus haut de l'échelle,
Un prêtre le suivait.
Sa ruse, son faux zèle,
Sans doute l'animaient.
Mais, bien loin de l'attendre,
Le patient lui criait
Qu'il n'avait qu'à descendre,
En le poussant du pied.

Cher martyr, ton supplice
T'a fait passer en paix
De la peine au délice,
Qui ne finit jamais,

De la mort à la vie
Par la main du bourreau.
Ton âme est recueillie
Au banquet de l'Agneau.

Imitons ce fidèle
Jusqu'aux derniers abois,
Et, si Dieu nous appelle,
A porter notre croix,
Pensons que cette plaie
Ne fait pas déshonneur,
Puisque c'est la livrée
Des enfants du Seigneur.

Quelle impression fit sur Roger le martyre de son élève, de son ami, de celui qu'il avait quelques années auparavant introduit lui-même dans la carrière pastorale ? Il dut, sans doute, en redoublant d'activité, former le vœu du prophète : « Que je meure de la mort du juste et que ma fin soit semblable à la sienne ! »

Au reste, c'était l'heure, pour Roger et ses compagnons d'œuvre, de ceindre leurs reins et de tenir leurs lampes allumées. Le zèle des persécuteurs, toujours en éveil, allait faire de nouvelles victimes. Au mois d'août 1733 ils arrêtèrent deux amis de Roger, Chambon et Matthieu Allard, des Petites-Vachères, près de Die. Ce dernier était un élève de son école ambulante. Ils avaient présidé la veille une assemblée à Aucelon et traversaient une montagne, accompagnés d'un guide, lorsqu'ils furent arrêtés par deux seigneurs du voisinage, Bernard de Volvent et Dupuy la Marne, et le curé de Lesches, nommé Barral, qui étaient partis de grand matin pour la chasse. Enfermés d'abord dans le château de Volvent, puis dans la tour de Crest, les deux prédicants furent conduits par la maréchaussée de Die dans la conciergerie de Grenoble. Leur procès paraît avoir traîné en longueur, mais il firent preuve l'un et l'autre d'une inébranlable fermeté. Chambon mourut en prison, l'année suivante au mois d'août, et Allard, qui n'avait que vingt ans, condamné à vie, par un arrêt du parlement, en date du 16 février 1735, « pour avoir été à l'école des ministres, » fut mis à la chaîne et conduit à Marseille pour y ramer sur les galères du roi (1). Deux protestants, emprisonnés pour cause de religion, Boyer d'Establet et Brachet de la Motte-Chalançon, moururent aussi à cette époque. La fille du dernier, enfermée pour avoir chanté des psaumes, put s'évader, ainsi qu'un nommé Magnan, de la Charité. Condamnés par contumace aux galères perpétuelles, ils trouvèrent un refuge à Genève.

---

(1) Lafond, pasteur du Désert dans la Provence, et qui visitait quelquefois les galériens pour cause de religion, nous a laissé cette note sur Allard : « Moins misérable, ayant un métier qui lui rend quelque chose. » A. Coquerel fils, *Les Forçats pour la foi*, p. 341.

Quels étaient à cette époque les collaborateurs de Roger? Tout d'abord Villeveyre, qui partageait depuis 1716 son apostolat et ses périls; Paul Faure, son ancien élève, et maintenant son fidèle collègue; Redon, dont le nom n'a pas encore paru dans cette histoire et qui devait quitter le Dauphiné cette même année; Bouvier, dit Lachaud, des environs de Vernoux, dans le Vivarais. Elève de Pierre Durand, il devait se montrer digne de son maître. A cette époque Faure donnait des leçons à deux jeunes gens qui exercèrent plus tard leur ministère dans le Dauphiné. Ils s'appelaient Etienne Roland et Daniel Vouland. Le premier était de la vallée de Quint et le second de Poët-Laval. Il n'y avait donc, en 1733, que cinq prédicateurs et deux étudiants dans la province; mais ce nombre, déjà si restreint, la persécution allait le réduire encore.

On avait trouvé sur Allard et son compagnon la liste des maisons qui servaient de retraites aux pasteurs. Un grand nombre de personnes compromises furent ajournées devant le parlement, et la plupart condamnées à de fortes amendes. On comprend dès lors combien la situation de Roger et de Faure devenait précaire. Condamnés à mort par contumace, par l'arrêt du 16 février, ils étaient poursuivis d'un endroit à l'autre avec le plus grand soin, et ce n'est qu'à force de prudence qu'ils déroutaient des recherches habilement conduites. Jean-Louis Cheyssière dit La Blache s'était fait le dénonciateur en titre des prédicants. Il ne réussit que trop dans son œuvre de ténèbres. Au mois de juin 1735, il se mit, à la tête de quatre archers, à la poursuite de Faure et de ses deux élèves, et faillit les surprendre. « Ils ne nous manquèrent que de deux cents pas, » écrit l'un d'eux ; mais grâce aux avis bienveillants d'une jeune fille, ils purent, en se tenant cachés dans les bois, déjouer leurs recherches. — « Ce traître, » continue Vouland, « fit courir les maréchaussées de Die et de Valence pendant une partie de l'été, pour nous attraper ; mais il ne put pas venir à bout de ses desseins. Il avait découvert toutes nos loges, de sorte que nous ne savions pas où nous tenir. »

Moins heureux que Faure et ses élèves, Villeveyre et Lachaud étaient tombés, quelques jours auparavant, entre les mains du traître.

XII

1735

C'est le 15 juin que nos deux prédicants
furent arrêtés par les soins de La Blache, dans
la vallée de Quint. Voici en quels termes l'évêque de Valence, qui l'avait préparée, annonçait,
deux jours après, cette précieuse capture au
cardinal de Fleury : « J'envoie par le courrier,
à M. le cardinal, une dépêche importante au
sujet de deux ministres que je viens de faire
arrêter. Je n'entrerai ici, Monseigneur, dans
aucun détail, attendu que j'écris sur cela fort
au long à Son Eminence. Je désire fort que vous

approuviez ma conduite et que vous vouliez bien me faire la grâce de m'honorer de vos ordres, auxquels je dois être plus fidèle que personne et par reconnaissance et par devoir et par affection (1). »

Jean Villeveyre avait alors cinquante-cinq ans, et depuis dix-neuf ans il secondait Roger dans le Dauphiné. Ce pieux Cévenol rachetait par un zèle infatigable l'instruction qui lui manquait. Il avait rempli longtemps les fonctions de lecteur dans les assemblées, puis celles de catéchiste et de proposant, à l'entière satisfaction des Eglises, et plusieurs synodes provinciaux l'avaient nommé secrétaire. Il fut même question de lui accorder l'imposition des mains, à moins qu'il ne s'agisse, dans la lettre suivante de Roger à Court, que de son admission dans le corps des prédicateurs : « A l'égard de M. Villeveyre, si l'on doit procéder sur son compte à la prochaine reçue, je souhaiterais qu'il fût averti auparavant du sujet qu'on lui donnera, parce qu'alors on n'aura pas le loisir de lui accorder le temps nécessaire, outre qu'il pourra être beaucoup interrompu. Or, il se faut proposer d'avoir des égards pour lui autant et plus qu'on en a eu pour nous (2). » Vil-

(1) *Bulletin*, t. XII, p. 87 et suiv.
(2) Lettre du 1er novembre 1725.

leveyre ne démentit pas la confiance de Roger. Le jour même de son arrestation, il comparut à Die devant Daniel Izoard, avocat au parlement de Grenoble, qui remplissait les fonctions de subdélégué de l'intendant ; et son interrogatoire, rédigé par le greffier, et par conséquent d'une fidélité scrupuleuse, nous donne une preuve nouvelle de sa fermeté inébranlable.

Après avoir dit qu'il y avait environ trente-cinq ans qu'il avait quitté la France, Villeveyre répondit au subdélégué, qui lui demandait où il avait séjourné depuis ce temps et quelle était sa profession : « Je suis resté environ quinze ou seize ans en Suisse ou en Allemagne, et depuis lors dans la province du Dauphiné, où je suis venu pour gagner ma vie en travaillant de mon métier de cardeur de laine et de moissonneur. »

Voici, du reste, la suite de cet interrogatoire, que nous reproduisons presque en entier :

— Quelle religion professez-vous ?

— Je suis dans la religion protestante, et je la professe en particulier, puisqu'il n'est pas permis de la professer publiquement.

— De quelle religion étaient vos père et mère, et sont-ils décédés ?

— Ils étaient de la même religion que moi, et ils sont décédés depuis longtemps.

— Dans quel endroit avez-vous été arrêté et par qui?

— J'ai été arrêté dans la vallée de Quint, ne sachant le nom du hameau, par les cavaliers de la maréchaussée, de résidence en cette ville, accompagnés de quatre sergents de quartier.

— Dans les assemblées où vous avez assisté, y avait-il beaucoup de monde?

— Je ne dis ni oui ni non.

— Ceux qui assistaient avec vous aux assemblées étaient-ils armés?

— Je n'ai point vu d'armes, et il ne s'en porte point dans les assemblées.

— N'avez-vous pas résidé pendant quelque temps aux Petites-Vachères?

— Je ne veux pas dire les endroits où j'ai passé.

— Connaissez-vous beaucoup de gens dans la vallée de Quint et villages circonvoisins?

— Je ne veux rien dire.

— Avez-vous assisté aux assemblées au lieu de Lamotte et villages circonvoisins?

— Je n'ai rien à dire à ce sujet.

— Connaissez-vous depuis longtemps le nommé Jean, et n'avez-vous pas discouru sur la religion protestante plusieurs fois ensemble?

— Je ne veux rien dire.

— Après les assemblées, ne faisiez-vous pas vous-même la cueillette?

— Je ne peux pas le dire.

— Après la cueillette faite, ne partagiez-vous pas avec le prédicant, et n'avez-vous pas ramassé, dans une seule assemblée, plus de 150 livres ?

— Je ne sais pas que dans aucune assemblée il se soit ramassé une aussi forte somme ; mais tout ce qu'on pouvait ramasser était pour les pauvres.

— Dans les différentes tournées que vous avez faites, n'avez-vous pas été présent à quelque mariage fait hors de l'Eglise romaine, soit par ledit Jean, soit par d'autres prédicants ?

— Je n'ai rien à dire là-dessus.

— Avez-vous vu baptiser plusieurs enfants hors de l'Eglise ?

— Je n'en dis rien.

— Dans les endroits où vous avez passé, vous a-t-on défrayé de votre dépense en considération de vos sermons ?

— J'ai prêché quelquefois : tantôt on m'a défrayé, tantôt j'ai payé moi-même ma dépense.

— Dans quels endroits avez-vous prêché ?

— Partout où j'ai trouvé des fidèles assemblés au nom de Jésus-Christ.

— Dans quel village avez-vous prêché ?

— Il est inutile que vous me le demandiez, parce que je ne veux pas vous le dire.

— N'est-il pas mal fait de prêcher la religion protestante contre les ordres du roi ?

— Si les hommes le défendent, Dieu le permet.

— Dans quel endroit faites-vous votre principale demeure ?

— Je n'ai de domicile en nulle part.

— Quelle somme vous donne-t-on, pour l'ordinaire, pour chaque sermon ?

— Je ne dis rien de cela.

— Dans les assemblées que vous avez convoquées, n'est-il pas venu jusqu'à deux cents personnes de différents villages, et la plupart n'avaient-elles point des armes ?

— Je ne les ai pas comptées, et elles ne sont venues armées que de la foi.

— Qui vous a donné la mission pour prêcher ?

— Ce sont les ministres du Désert.

— Qui sont ces ministres du Désert ?

— Je n'en dis rien.

— Vous envoie-t-on souvent des livres de Genève ?

— Je ne veux rien dire là-dessus.

— Quel nombre de prédicants y a-t-il, dans la province du Dauphiné, avec vous ?

— Je ne veux rien répondre.

— Avec quelles personnes commercez-vous ordinairement ?

— Avec tout le monde, également.

— N'avez-vous jamais été à la messe ?

— J'y ai été dans mon jeune âge, parce que j'y étais forcé, et c'est ce qui m'a obligé à quitter mon pays.

— Des rétributions que vous tirez de vos sermons, en envoyez-vous une partie, de même que vos camarades, aux ministres de Genève et de Suisse ?

— Non.

— Quel usage en faites-vous ?

— J'en garde pour vivre et m'entretenir, et je donne le reste aux pauvres.

— Avez-vous du bien de chez vous ?

— Non, les dettes l'ont tout emporté.

— Aviez-vous quelque argent quand on vous a arrêté ?

— On ne m'a pas demandé l'argent que j'avais, et je n'en ai point d'autre que celui que je viens de vous remettre tout présentement sur la table, consistant en 4 écus de 6 livres, 2 de 3 livres, 5 pièces de 12 sols et 26 pièces de 2 sols.

— Avez-vous vos sermons par écrit ?

— Je ne veux pas le dire.

— Avez-vous quelque linge et quelque habit dans la maison de Planel, où vous avez été arrêté ?

— Je ne le sais pas : je le laisse tantôt ici, tantôt là.

— Y a-t-il longtemps que vous n'avez pas prêché ?

— Il y a environ une quinzaine de jours.

— En quel endroit avez-vous fait votre dernier sermon ?

— Je ne veux pas le dire et j'ai prêché partout où j'ai trouvé des fidèles assemblés au nom de Jésus-Christ.

— N'invitiez-vous pas vous-même les habitants à se trouver aux assemblées, et ne prêchiez-vous pas de nuit dans des lieux écartés ?

— Je ne veux plus rien dire.

— Faisiez-vous le catéchisme aux enfants ?

— Je l'ai fait partout où je me suis trouvé.

On le voit, dans ces réponses, à la fois calmes et fermes, le prédicateur de l'Evangile ne songe pas un seul instant à taire ses convictions. Il reconnaît qu'il a fait les fonctions de prédicant, malgré les peines sévères édictées contre eux; mais lorsqu'il s'agit de donner un renseignement qui pourrait compromettre ses frères, il se renferme dans un silence prudent, selon les décisions prises à cet égard dans les synodes.

Jean Bouvier, dit Lachaud, avait été arrêté aux Bournats, hameau de Saint-Julien-en-Quint, le même jour que Villeveyre. Il n'avait que vingt-quatre ans ; mais il montra, malgré sa jeunesse, la même fermeté que son compagnon de captivité. Il refusa, seulement, de dire son nom de famille, sans vouloir s'expliquer là-dessus.

— De quelle religion êtes-vous ? lui demanda Daniel Izoard, l'avocat au parlement.

— Je suis, répondit le jeune confesseur, de la religion de Christ.

— Quelle est votre profession ?

— Je n'en ai point d'autre que celle de prêcher l'Evangile dans sa pureté.

— Ne professez-vous pas la religion prétendue réformée ?

— Je professe la religion contenue dans l'Ecriture sainte.

— N'avez-vous jamais entendu la sainte messe ?

— Je l'ai entendue dans mon jeune âge ; mais, depuis que j'ai connu la vérité, je ne l'ai plus entendue.

— Qui vous a obligé de ne plus entendre la messe ?

— C'est parce que saint Paul m'a appris,

dans son épître aux Hébreux, que Jésus-Christ ne s'offre pas plusieurs fois (1).

— N'avez-vous pas sollicité ou fait solliciter les habitants de la vallée de Quint pour s'assembler de nuit, et ne leur avez-vous pas prêché?

— Je n'ai rien à dire là-dessus.

— Connaissez-vous l'homme qui a été arrêté avec vous ?

— Je n'ai rien à dire là-dessus.

— Qui vous a donné la mission de prêcher?

— J'ai été inspiré par les mouvements de ma conscience, et je crois être obligé de rendre raison de la vérité à ceux qui me la demandent.

— Assistait-il beaucoup de monde à vos sermons, et les faisiez-vous de nuit ou de jour ?

— Tantôt il y en avait peu et tantôt beaucoup. Je ne prêchais que de nuit, et, dans mes sermons, j'exhortais le peuple à être fidèle à Sa Majesté.

On avait trouvé trois livres dans la chambre où il couchait : la *Théologie chrétienne* et la *Science du salut*, de Bénédict Pictet, le Nouveau Testament revu et conféré sur les textes grecs, par les pasteurs et professeurs de l'Eglise de Genève, et les *Sermons* de Gérieux. Il dit que le Nouveau Testament lui appartenait, mais

(1) Epître aux Hébreux, ch. VII, v. 27.

qu'on lui avait prêté les autres volumes ; et, enfin, comme l'avocat du parlement lui demandait : « S'il n'est point mal de contrevenir aux ordres du roi et de former des assemblées illicites, » Bouvier répondit, comme Villeveyre : «Je crois être obligé d'obéir à Sa Majesté pour ce qui regarde le temporel et même pour le spirituel, autant qu'il est conforme à la parole de Dieu, et je ne crois pas avoir convoqué d'assemblées illicites; dans celles que j'ai convoquées, on n'a rien fait qui soit contraire à l'Ecriture sainte. »

Les juges devaient être édifiés sur la fermeté de leurs prisonniers. On revint, cependant, à la charge pour obtenir d'eux une rétractation ou des aveux compromettants pour leurs frères, mais sans plus de succès; et ils furent conduits dans les prisons de Grenoble, où leur procès allait s'instruire.

« Ils tiennent toujours le même langage, » écrivait le subdélégué général du Dauphiné au cardinal de Fleury, le 23 juin, « quoique on n'ait pas oublié de leur faire toutes les questions qui pouvaient servir à la découverte de leurs émissaires, des lieux où ils ont puisé l'esprit de fanatisme qui les conduit et de ceux où ils ont pu en faire usage. Les menaces ni les promesses n'ont rien opéré dans une séance de près de cinq heures, tantôt en conversation, tantôt en les interrogeant en forme. » On ne pouvait faire d'eux un meilleur éloge.

La condamnation de ces obstinés n'était point douteuse. Elle fut prononcée le 9 juin 1736. Si, par une faveur spéciale, ils ne furent pas condamnés à mort, ils allèrent, du moins, grossir, sur les galères de Marseille, le nombre des forçats pour la foi. Villeveyre, qui avait été impliqué dans le procès de Chambon et d'Allard, fut condamné à vie et le jeune Bouvier à dix ans de travaux forcés. Ils rejoignirent la chaîne, à Valence, au mois de septembre. Dans cette ville ils reçurent la visite d'un protestant pieux, nommé Chatelan, qui leur témoigna sa sympathie chrétienne et parlait ainsi des prisonniers dans une lettre adressée à son beau-frère Etienne Chiron, de Genève : « J'ai eu la triste satisfaction de les voir pendant deux jours qu'ils ont demeuré dans les prisons de cette ville, où je leur ai rendu tous les petits services qui ont dépendu de moi; ce qui a même été une faveur particulière qu'on m'a faite, et j'ai eu la douce consolation de les voir souffrir non seulement avec patience, mais même avec beaucoup de joie et une entière résignation aux ordres de la Providence. Il est impossible de n'être pas touché, quand on aurait un cœur de rocher, des choses que ces bienheureux serviteurs de

Dieu endurent et des louanges et actions de grâces qu'ils rendent au Tout-Puissant de les avoir rendus dignes de souffrir pour son nom. Je t'assure que ce sont des personnes d'un grand mérite, et que la grâce de Dieu se manifeste abondamment et visiblement en eux (1). »

Les deux confesseurs du Dauphiné ne purent supporter longtemps le régime odieux des galères. Bouvier rendit son âme à Dieu, après quelques mois de souffrances chrétiennement supportées. Quant à Villeveyre, il mourut dans la nuit du 24 au 25 octobre 1740. Il avait écrit, peu de temps auparavant, une lettre touchante à Benjamin Duplan, dont nous extrayons les lignes suivantes, qui sont comme son testament religieux : « Dieu nous ayant humiliés jusqu'à ne pouvoir pas refuser les bons offices de nos bienfaiteurs, nous nous trouverons soulagés dans nos souffrances par leurs bienfaits et peut-être délivrés, ce que nous souhaitons bien. Mais c'est toujours avec soumission à la volonté de Dieu ; car, étant chrétiens par la grâce de Dieu, nous sommes enrôlés dans la milice spirituelle de Dieu. Il nous faut faire office de fidèles soldats. Les chaînes sont le lieu où il nous a placés ; nous y devons souf-

(1) Arnaud, ouv. cité, t. III, p. 175.

frir patiemment les peines qu'on y éprouve en soutenant la vérité évangélique, et garder notre poste jusqu'à ce qu'il plaise à Dieu de nous en relever... Dieu a permis que dans cette longue persécution il y ait toujours eu plusieurs personnes aux chaînes dans ces lieux, qui y ont souffert en soutenant la vérité et, quand il en a tiré les uns, il a permis que d'autres soient venus prendre la place, qui confessent et suivent la même foi. Je ne doute pas que leur constance ne soit une censure continuelle aux tièdes, timides, mondains et lâches temporiseurs, qui ont tourné le dos au jour de la bataille en abandonnant la vérité. La sapience des hommes est confondue par celle de Dieu. Dieu pense autrement que les hommes. Nos persécuteurs s'imaginent de nous déshonorer et flétrir en nous mettant au rang des malfaiteurs, en nous faisant porter les mêmes peines; mais Dieu nous honore et nous donne lieu de nous réjouir en souffrant opprobre pour le nom de Jésus. Dieu nous a prédestinés à nous rendre conformes à son Fils, afin que, souffrant avec lui, nous soyons aussi glorifiés avec lui. Jésus-Christ, en souffrant les choses qui avaient été prédites de lui par les prophètes, est entré dans sa gloire ; or, il nous a été aussi prédit par Jésus-Christ que nous serions haïs et persécutés à cause de son nom... Notre vie est cachée avec Christ en Dieu ; mais lorsque Jésus-Christ, qui est notre vie, apparaîtra, alors nous apparaîtrons avec lui en gloire. Contentons-nous, pour le présent, d'avoir les promesses de Dieu pour gage de l'héritage éternel de bonheur, et de voir accomplir, de notre temps, en nous, les persécutions que les vrais chrétiens doivent éprouver. Etant plus, cela nous doit affermir à persévérer, à confesser la vraie foi, et nous espérons de la miséricorde de Dieu, que nous implorons, qu'il nous soutiendra à ce faire jusqu'à la fin (1). »

(1) Bonnefon, ouvrage cité, p. 244.

XIII

1736-1744

Nous n'avons pu recueillir que fort peu de
renseignements sur Roger depuis l'arrestation
de Villeveyre et de Lachaud jusqu'à l'année
1744. Deux de ses compagnons d'œuvre les plus
dévoués, Faure et Vouland, sans cesse poursuivis
par la maréchaussée, se réfugièrent en Suisse.
Le premier se trouvait à Berne, le 4 juillet 1736,
malade et sans ressources. Il écrivit à Court,
à Lausanne, pour le prier de s'intéresser à lui.
Il lui disait qu'il avait, pendant seize ans, exercé

le ministère, soit comme proposant, soit comme pasteur, qu'il avait été vendu deux fois, dépouillé de ses effets et de quarante sermons, enfin condamné à mort par le parlement de Grenoble. Par l'intermédiaire de Court, le doyen Dachs fournit au pasteur réfugié des secours qui lui permirent de vivre à Lausanne en attendant son retour dans le Dauphiné. Quant à Vouland, il était entré au séminaire de Lausanne en octobre 1735 et ne revint auprès de Roger qu'au mois d'avril de l'année suivante, après avoir reçu l'imposition des mains. Pendant l'absence de ses amis, Roger resta seul chargé, avec le proposant Roland, du fardeau du ministère. Il continua à se dépenser comme auparavant pour le service des Eglises, au milieu de difficultés sans cesse renaissantes. De 1738 à 1740, il y eut, dans le Dauphiné, de nombreux enlèvements d'enfants. Quelques personnes, accusées d'avoir assisté aux prédications du Désert, durent comparaître devant le parlement de Grenoble, et ce dernier, par un arrêt du 9 avril 1740, condamna à mort, par contumace, un prédicant d'Aubenas, nommé Verduron, qui avait présidé une assemblée dans le Gapençais. En certains lieux, le peuple se rua même sur ces assemblées inoffensives, et ce ne fut pas la faute des missionnaires si, à

Saillans, les catholiques, surexcités par leurs prédications, ne levèrent pas « l'étendard du sang, » selon l'énergique expression de Roger. Il écrivait dans une lettre de cette époque : « Les réformés ont remarqué que depuis quelques années que les missions sont devenues plus fréquentes et presque générales, les catholiques du vulgaire, après ces missions, prennent un air féroce et, pendant plusieurs semaines, ne regardent les réformés qu'avec beaucoup de dédain, quoique les religionnaires observent un silence religieux sur les bassesses et les choses honteuses que les missionnaires avancent dans leurs prônes, au rapport des catholiques, et qu'ils évitent avec soin tout ce qui pourrait leur attirer les reproches et de fâcheuses affaires au sujet de pratiques entièrement étrangères à l'Evangile. » En 1741, la guerre de la succession d'Autriche vint apporter quelque adoucissement au sort des protestants. Un des compagnons de Roger n'en fut pas moins arrêté, le 4 juillet de cette année-là, avec sa femme et ses deux fils, dans les îles du Rhône, en face de Lavoulte.

Cette nouvelle victime des persécutions religieuses était un vieillard de soixante et dix ans, nommé Jean-Pierre Dortial, de Chalancon, dans le Vivarais. Son nom figure, dans le registre des synodes de cette province, parmi ceux des proposants. Sans être consacré et n'ayant d'ailleurs reçu qu'une instruction très incomplète, il présidait depuis longtemps déjà des assemblées, et il avait souvent accompagné Roger dans ses courses missionnaires. Il passait même, aux yeux de l'intendant de Grenoble, pour le diacre du pasteur du Dauphiné. Enfermé d'abord dans le château de Beauregard, d'où son fils aîné parvint à s'évader, puis transféré, cinq mois après, avec sa femme et son autre enfant, dans les prisons de Nîmes, Dortial n'en sortit que pour comparaître devant ses juges, le 31 juillet 1742.

Lorsque le vieillard entra dans la chambre du conseil où devait avoir lieu l'interrogatoire, il ôta son chapeau et sa perruque, et, levant les yeux au ciel, il s'écria : « Maître de la nature, qui tiens tous les hommes à ta disposition, maintenant que tu veux m'éprouver, veuille me donner les forces qui me sont nécessaires. Fais que ton Saint-Esprit soit sur moi, afin que je sois sanctifié. Veuille encore présider au jugement que les hommes vont rendre contre moi, je t'en supplie, au nom et par les mérites de ton cher Fils, mon Rédempteur. » Ensuite, s'adressant aux juges, il leur dit : « Messieurs, prenez garde au jugement que vous allez rendre. Je ne suis coupable d'aucun crime. » Il n'en fut pas moins condamné à être pendu, et son gibet fut dressé le même jour sur la place de l'Esplanade. Il s'écria, en voyant l'instrument du supplice : « Grand Dieu, dresse mes mains au combat, et mes doigts à la bataille. » Il entonna ensuite le psaume XXVe, et, après avoir demandé à Dieu, dans une fervente prière, qu'il pût édifier par sa mort ses pauvres frères, qui gémissaient sous la tyrannie de l'Antichrist, il monta l'échelle avec courage. Ses dernières paroles furent celles du Sauveur expirant : « Père, je remets mon esprit entre tes mains. » Deux hommes, arrêtés avec lui, furent condamnés aux galères. Quant à sa femme et à son fils, ils ne tardèrent pas à recouvrer leur liberté (1).

Ces exécutions capitales, qui navraient le cœur des protestants, n'arrêtaient point cependant le réveil général des Eglises. Elles étaient pleines de confiance dans l'avenir, et un événement, qui pouvait avoir des suites heureuses pour le protestantisme, sembla justifier leurs espérances. Maurice de Saxe, dont l'épée avait rendu des services signalés à la France, venait d'obtenir le bâton de maréchal. Luthérien et resté fidèle à ses convictions religieuses,

---

(1) *Bulletin*, t. IX, p. 288 et 341 ; t. X, p. 102.

on pouvait espérer qu'il prendrait en main la cause de ses frères persécutés. Aussi nos pères s'empressèrent-ils de lui adresser un placet : « Soixante ans, » lui disaient-ils, « ont déjà coulé sur nos misères. Nos temples démolis, nos pasteurs proscrits, nos troupeaux fugitifs ou errants dans les campagnes ou dans les déserts, des dragons érigés en missionnaires, des ecclésiastiques, souvent plus cruels que les dragons mêmes, ne nous laissant ni vivre ni mourir sans nous contraindre à faire des actes dont nos consciences ont horreur, les galères et les prisons regorgeant de nos martyrs, nos mariages souillés par des sacrilèges ou des actes d'hypocrisie, nos enfants enlevés à leurs pères et mères, nos livres sacrés brûlés par la main des bourreaux, nos biens confisqués ou chargés d'amendes : tels sont les principaux traits de nos malheurs. En travaillant à obtenir pour nous cette liberté spirituelle, souvenez-vous en même temps de nos galériens et de nos prisonniers. S'ils ont désobéi aux ordres du roi, c'est en la même sorte que les apôtres et les premiers chrétiens désobéissaient aux ordres des empereurs romains. C'est par un principe de religion qui, en toute autre chose, les oblige à sacrifier à Sa Majesté leurs biens et leurs vies ; et, fussent-ils véritablement coupables, et la grandeur et la durée de leurs souffrances seraient capables d'expier les plus grands crimes (1). »

Avant d'attendre l'effet de cette requête, Roger et ses collègues convoquèrent, le 7 mai 1744, un synode provincial dans le Dauphiné. Après avoir pris certaines mesures concernant la discipline, l'administration des deniers des pauvres, l'ordre et la bienséance qui devaient présider aux exercices de piété, ils résolurent, en dernier lieu, de convoquer des assemblées en plein jour, comme cela se pratiquait dans plusieurs provinces. Leur but était de montrer à la cour la droiture de leurs intentions, la pureté de leur doctrine et de leur culte et de couper court aux imputations calomnieuses qu'on dirigeait contre leurs assemblées de nuit. Des réunions religieuses furent donc convoquées en plein jour où les fidèles se rencontraient pour chanter ensemble des cantiques et lire la parole de Dieu, mais sans le concours des pasteurs. Des catholiques s'y rendaient sans que leur présence fît ombrage. Ils pouvaient rendre témoignage à la spiritualité du culte protestant ; mais il s'y glissa aussi des esprits brouillons et malintentionnés qui ne devaient pas man-

_____
(1) *Bulletin*, t. IX, p. 434.

-quer de le présenter sous un jour défavorable.

Ces assemblées n'étant pas inquiétées, bientôt les pasteurs s'y montrèrent. Les deux premières s'étaient tenues à Nyons et à Beaumont près de Valence. Le 24 mai, jour de Pentecôte, Roger en présida une à Labaume-Cornillane, qui ne réunit pas moins de huit mille personnes. Il y distribua la cène, assisté de Vouland. Nos deux pasteurs n'écoutaient que leur zèle et leur désir de montrer à tous la pureté de leurs intentions. Ils n'en commirent pas moins une grave imprudence. Le parlement de Grenoble sévissait toujours avec la même rigueur ; il venait de faire arrêter, le 23 avril précédent, la femme Bouvat et sa fille. Mais nos pères, qui ne s'aveuglaient pas sur les dangers qu'ils couraient, voulaient montrer, en agissant de la sorte, qu'ils n'étaient pas, comme on en faisait courir le bruit, « une misérable poignée de fanatiques. »

Cette démarche si loyale coïncidait, en outre, avec deux faits qui ne pouvaient manquer d'exaspérer la cour : le premier fut la conversion au protestantisme de plusieurs catholiques de marque, et le second la publication de faux édits de tolérance qu'on donnait comme émanant de Louis XV ou du Dauphin de France. Le Dauphiné, en particulier, en fut inondé.

D'où provenaient ces pièces apocryphes ? Les catholiques les mirent naturellement sur le compte des protestants et ce fut pour les prélats l'occasion d'exhaler leur haine vertueuse contre les perturbateurs du repos public. « Les hommes de ténèbres, » s'écriait deux ans plus tard l'évêque de Valence, « les ministres protestants avaient publié sur les toits ce qu'ils ne disaient auparavant qu'à l'oreille ; par de vaines espérances d'un prochain rétablissement, ils en avaient allumé les plus violents désirs ; et ils ne rougissaient pas, pour se donner plus de créance, de fabriquer de fausses lettres et de les répandre avec ostentation sous les noms les plus respectables (1). »

Que les proscrits, forts de leur bon droit, eussent l'espoir de voir leur innocence bientôt reconnue et de reprendre leur place au foyer de la famille française, quoi de plus naturel et de plus légitime ? Mais pour les supposer capables d'employer des moyens détournés pour atteindre ce but, il fallait bien mal connaître les principes élevés qui les dirigeaient. Ils n'avaient point démérité des réformés du seizième siècle dont l'honnêteté était passée en proverbe. Au reste, leurs délibérations synodales sont là pour

(1) Ch. Coquerel, ouvrage cité, t. I, p. 342.

nous éclairer sur leurs sentiments. Ces lettres étaient le fruit d'une manœuvre déloyale de leurs adversaires, et n'étaient dues qu'à la plume complaisante des Jésuites. Malheureusement cette œuvre de fraude pieuse devait avoir les conséquences les plus déplorables.

La guerre de la succession d'Autriche se prolongeait depuis quatre ans, et, après des alternatives de succès et de revers, le sort des armes nous était de nouveau contraire. Les Anglais avaient battu nos troupes à Dettingen, sur le Mein. Louis XV, espérant ramener la victoire sous ses drapeaux, vint prendre lui-même le commandement de son armée. Il se trouvait devant la ville d'Ypres, en Flandre, lorsqu'il apprit qu'un ministre protestant avait lu, dans une assemblée tenue au Désert, un faux édit de tolérance qu'il disait émaner du roi et dont l'effet immédiat avait été de donner aux nouveaux convertis une plus grande assurance, de sorte qu'ils violaient impunément les ordonnances dirigées contre ceux de la religion. Grande, on le conçoit, fut son irritation. Elle éclata dans la lettre qu'il fit écrire aussitôt par le comte d'Argenson, ministre et secrétaire d'État, à M. de Piolenc, premier président du parlement de Grenoble. Voici le texte de ce document, qui fut imprimé sur un placard in-folio, portant en tête les armoiries royales, et répandu avec profusion dans le Dauphiné.

« Au camp, devant Ypres, 22 juin 1744.

» Le roy est informé, Monsieur, que le 7 de ce mois, le nommé Roger, prédicant, ayant assemblé plusieurs religionnaires du lieu de Pojols (*sic*) dans le Dyois, y aurait fait lecture d'un prétendu édit ou indult, daté du 7 may, et scellé d'un sceau qu'il assurait être celui de Sa Majesté, par lequel il paraissait qu'elle donnait à ses sujets la liberté de conscience et celle de s'assembler. Comme cette pièce est absolument fausse et supposée et que le Roy n'a jamais eu l'intention de déroger aux lois établies en ces matières par le feu Roy son bisayeul et par Elle, l'intention de Sa Majesté est que vous désabusiez les peuples de l'impression que cette pièce aurait pu faire sur eux ; et qu'en démasquant l'imposture du prédicant, vous fassiez sentir les risques qu'ils courraient en se livrant à la conduite de pareils pasteurs.

» Sa Majesté vous permet, pour cet effet, de faire imprimer cette lettre et d'en répandre des exemplaires partout où vous le jugerez nécessaire. Elle désire, au surplus, que vous fassiez contre ledit Roger toutes les poursuites convenables pour parvenir à l'exemple qu'exige la gravité du cas.

» Je suis avec un parfait attachement, Monsieur, votre très humble et très obéissant serviteur,

» Signé : D'ARGENSON (1). »

Cette lettre parvint à Roger dans une des nombreuses cachettes qui le mettaient à l'abri de ses ennemis. Les menaces ne l'intimidaient guère ; mais il ne voulut pas rester sous le coup d'une imputation calomnieuse ; et il répondit sur-le-champ à d'Argenson. Rien de plus facile pour lui que d'établir son *alibi*. Le 7 juin, ce n'est pas à Poyols qu'il se trouvait, mais à Pontaix, près de Die, c'est-à-dire à plus de 30 kilomètres de là, et il n'avait pas visité depuis dix ans le premier de ces villages ; mais il préféra en appeler dans sa lettre aux mobiles élevés qui dirigeaient sa conduite. « Je suis persuadé, » disait-il au ministre, « que la procédure qu'on a faite contre moi à Grenoble, en conséquence de vos ordres, me justifie pleinement de ce qu'on m'a imputé, d'être l'auteur et d'avoir fait lecture d'un prétendu édit de Sa Majesté. J'ai cru néanmoins qu'une calomnie si énorme

(1) *Bulletin*, t. III, p. 312.

demandait que je déclarasse à Votre Grandeur, de la manière la plus expresse, que si cette pièce supposée a existé, ce que je ne crois pas, je ne l'ai lue ni en particulier, ni dans les assemblées, que je ne l'ai pas même vue, et que je n'en ai rien su que par la lettre que Votre Grandeur a écrite à ce sujet et que l'on a rendue publique. Je sais que toute falsification est un crime qui mérite un châtiment sévère; mais qu'une falsification qui a pour objet le sceau du prince est un crime de lèse-majesté au second chef. En qualité de chrétien, j'ai de l'horreur pour le mensonge; en qualité de sujet, je respecte tout ce qui émane de l'autorité de mon souverain; et en qualité de pasteur, j'inspire à mes ouailles la même horreur pour tout ce qui blesse la vérité et le même respect pour l'autorité royale. Quelque ardent que soit le désir que les protestants ont, en général, pour la liberté de leurs consciences; quelque naturel et quelque légitime que ce désir leur paraisse, ils peuvent assurer Votre Grandeur qu'il ne les portera jamais à donner aucune atteinte à la fidélité qu'ils doivent à leur auguste monarque. Nous attendons cette liberté précieuse avec une entière résignation; nous ne la demandons que par nos prières et par nos larmes, et nous n'espérons l'obtenir qu'en récompense d'une entière résignation

à ses ordres, en tout ce qui relève de son empire, et en sacrifiant nos biens et nos vies pour
son service. Nous lui devons cette soumission
et ce sacrifice par un principe de religion ; mais
la qualité de père de ses sujets, qu'il s'est ac-
quise à si juste titre, lui assure dans nos cœurs
un hommage volontaire d'autant plus glorieux
pour lui qu'il ne le doit qu'à lui-même. Si l'on
nous attribue quelque pièce ou quelque démarche qui ne soit pas marquée à ce coin, comme
on ne l'a déjà que trop fait, Votre Grandeur
peut en conclure que c'est l'ouvrage de la calomnie.

» Les auteurs de ces impostures nous noir-
cissent pour nous rendre odieux et indignes du
support de Sa Majesté ; mais ce n'est pas là le
seul motif de celui qui m'a accusé d'avoir supposé un édit de liberté de conscience. Sa ma-
lignité l'a porté à vouloir découvrir, par cette
indigne voie, la façon de penser de Sa Majesté
sur nos exercices de religion. Si sa maligne curiosité a été satisfaite à ce dernier égard, j'ose
espérer qu'il ne triomphera pas longtemps de
l'opprobre dont son imposture m'a couvert aux
yeux de Votre Grandeur, et qu'en voyant éclater mon innocence dans la procédure même
qui a été faite pour prouver le crime affreux
dont on me charge, vous rendrez à l'accusateur

et à l'accusé la justice qui leur est due (1). »

En même temps que Roger faisait parvenir cette lettre à d'Argenson, les protestants du Dauphiné envoyaient un placet à Desmarcieux, gouverneur de la province, pour disculper leur pasteur. « Plût à Dieu, » lui disaient-ils, « que Sa Majesté voulût nous accorder tant de grâces ; mais qui serait si hardi que de le supposer faussement ? » Et ils protestaient à leur tour de la fidélité du ministre et des troupeaux à leur souverain.

Ni la lettre si ferme et si mesurée de Roger, ni le placet que ses coreligionnaires avaient écrit en sa faveur ne pouvaient convaincre des esprits prévenus. Les poursuites dirigées contre Roger n'en furent pas moins actives. Les protestants du Dauphiné furent, durant toute cette année, dans de perpétuelles inquiétudes, et leur condition s'aggrava de jour en jour. Un grand nombre d'entre eux durent comparaître devant le parlement. Les questions que leur adressait M. de Tréviol, l'un des conseillers, sont signi-

---

(1) Ant. Court, *Mémoire historique*, faisant suite au *Patriote français et impartial*, p. 20 et suiv. Cet ouvrage contient plusieurs de ces pièces apocryphes, entre autres un *Cantique nouveau* qu'on accusait les protestants de chanter dans leurs assemblées particulières pour demander à Dieu l'heureux succès des armes britanniques.

ficatives. L'imagination du juge s'y donne libre
carrière, et ses craintes chimériques sont le premier de ses châtiments. « Vos ministres, » leur
demandait-il, « ne vous ont-ils pas fait lecture
d'un prétendu édit qui leur permet de prêcher
publiquement ? Ne vous sollicitent-ils pas à user
de violence, à enlever les enfants des couvents,
à égorger les religieuses ? Ne vous ordonnent-
ils pas de prier pour la reine de Hongrie et
pour la prospérité des armes du roi d'Angleterre ? Tel notaire n'exige-t-il pas le contrôle
des mariages que vous faites bénir au Désert ?
Ne continuez-vous pas, dans vos assemblées,
de baptiser et de marier ? »

On comprend quelles réponses provoquaient
de pareilles questions. Elles ne pouvaient
qu'étonner des hommes qui, bien loin de se
laisser conseiller par les mauvais sentiments
qu'on leur prêtait si gratuitement, n'obéissaient
qu'à leur conscience. Aussi leur silence était-il
interprété défavorablement. « On permit toutefois à chacun de se retirer, » raconte Armand
de la Chapelle, « moyennant une requête présentée au procureur du roi et que l'on payait
bien cher, sans compter les étrennes qu'il fallait donner au secrétaire de M. de Tréviol, outre les frais de voyage. La liberté ne fut déniée
qu'à Antoine Julien, du lieu de Trescléoux,

diocèse de Gap, et à Jacques Gontard, du même lieu ; et l'on croit que cette différence vint de ce qu'étant menuisiers de leur profession, ils avaient fait une espèce de plancher dans une vieille masure où les protestants allaient faire la prière en temps de pluie (1). »

Toutes ces tracasseries n'empêchaient point les fidèles de se grouper autour de leurs conducteurs. La persécution ranimait le zèle. Le ministère des pasteurs était réclamé de toute part, et ils devaient se multiplier pour répondre à tous les besoins. « Je vous donne avis, » écrivait Roger à Paul Rabaut, le 24 septembre, « que l'on continue d'appeler des personnes à Grenoble, et que même l'on en a retenu quatre ou cinq. On en a enfermé une à Die, et les mesures se renouvellent. Mais, nonobstant tout cela, presque tous font bénir leurs mariages et baptiser leurs enfants par les ministres, et les assemblées sont aussi fréquentes que nombreuses, ce qui cause tant de fatigue à nos messieurs, que la moitié en a la santé altérée, sans pouvoir prendre du repos (2). »

(1) *La Nécessité du culte public parmi les chrétiens*, t. II, p. 249 et suiv.

(2) Ch. Coquerel, ouvrage cité, t. I, p. 345.

XIV

1744.

Malgré les nombreux obstacles qu'elle ren-
contrait, l'œuvre de restauration avançait len-
tement mais sûrement. Le mouvement de réveil
et de réforme gagnait les provinces les plus
reculées. Dans le Rouergue, le Béarn, le Poitou, la Normandie, partout se levaient des prédicateurs pleins de zèle, qui, après un séjour
de quelques années au séminaire de Lausanne,
venaient grouper autour d'eux leurs coreligionnaires dispersés. Désireux d'unir leurs efforts,
ils résolurent la tenue d'un nouveau synode
national.

Il se réunit, le 18 août, près de Lédignan, dans le bas Languedoc. Treize provinces y furent représentées par dix pasteurs et vingt et un anciens. Celle du Dauphiné y députa Jacques Roger avec trois anciens dont nous ignorons les noms. Jamais assemblée délibérante aussi considérable n'avait été convoquée au Désert. On nomma pour modérateur Michel Viala, du Pont-de-Montvert, homme de tête et de cœur, qui exerçait un ministère béni dans le haut Languedoc. Paul Rabaut lui fut adjoint pour la présidence. Il n'avait alors que vingt-six ans, et n'exerçait que depuis un an les fonctions pastorales; mais les dons remarquables qu'il avait reçus faisaient déjà concevoir de lui les plus belles espérances. Il sut les réaliser et rendre, pendant un demi-siècle, les plus grands services aux Eglises sous la croix. Pierre Peirot, du Vivarais, fut élu secrétaire, et Jacques Roger, secrétaire-adjoint.

On était alors au plus fort de la guerre pour la succession d'Autriche. La France combattait à la fois contre l'Angleterre, la Hollande et le Piémont, et rien n'était plus incertain que l'issue de la lutte. Aussi le premier acte du synode fut-il de témoigner de sa fidélité au prince et de faire des vœux pour le succès de ses armes. « Après avoir lu la parole de Dieu, » portent les actes du synode, « et imploré le secours du Saint-Esprit, tous les membres du synode ont fait les protestations les plus sincères et les plus soumises de leur inviolable fidélité à Sa Majesté, et ils ont déclaré qu'ils ne s'assemblaient que dans le dessein de s'affermir de plus en plus dans cette fidélité, d'éloigner entre eux toute désunion qui pourrait tendre à troubler la tranquillité publique et leurs Eglises, comme aussi d'y faire des règlements. » Il fut résolu qu'on célébrerait un jeûne solennel dans toutes les Eglises réformées du royaume : « pour la conservation de la personne sacrée de Sa Majesté, pour le succès de ses armes, pour la cessation de la guerre et pour la délivrance de l'Eglise (1). »

Les autres mesures auxquelles s'arrêta le synode étaient également commandées par les nécessités du temps. En voici quelques-unes : « On adressera au roi une requête au nom de tous les protestants du royaume. Trois pasteurs seront chargés de rédiger une apologie pour justifier les assemblées ecclésiastiques, les baptêmes et les mariages célébrés au Désert. Aucune démarche auprès du monarque, pour des affaires qui regardent le corps des Eglises, ne

(1) Ch. Coquerel, ouvrage cite, t. I, p. 289.

doit avoir lieu que collectivement. Les prédicateurs doivent s'abstenir de prêcher sur des points de controverse; ils ne doivent parler aussi qu'avec réserve des maux que les Eglises ont soufferts. On ne pourra répondre à une lettre de controverse sans l'autorisation de deux pasteurs et du consistoire de la principale Eglise de son ressort. » Le sixième article portait que les fidèles seraient exhortés à souffrir patiemment tous les mauvais traitements auxquels ils pourraient être exposés pour la religion, et à éviter, dans leurs conversations, tout sujet de controverse. Enfin, le dernier article avait trait aux assemblées de jour : « Comme il y a encore plusieurs provinces où l'on fait les exercices de religion pendant la nuit, le synode, tant pour manifester de plus en plus la pureté de nos intentions que pour garder l'uniformité, a chargé les pasteurs et les anciens des diverses provinces de se conformer, autant que la prudence le permettra, aux Eglises qui font leurs exercices en plein jour. »

On le voit, la mesure qu'avaient prise Roger et ses collègues tendait à se généraliser; les assemblées devenaient plus fréquentes, et ceux qui les convoquaient redoutaient moins la publicité.

Au reste, toutes ces délibérations respirent,

avec la plus entière soumission au roi, — le souverain empire de Dieu, comme disaient nos pères du seizième siècle, demeurant toujours en son entier, — une ferme confiance dans l'avenir. Soumission qui sera mise plus d'une fois encore à une rude épreuve! Confiance que les évènements qui se préparent vont cruellement démentir! Mais quel plus beau spectacle que celui que nous offre à cette heure cette assemblée qui délibère au Désert! Ils sont là, ces pasteurs proscrits, entourés de l'élite de leurs paroissiens voués comme eux au martyre. Ils semblent oublier les périls qu'hier encore ils ont affrontés pour se réunir de tous les points du royaume. En vain leur tête est mise à prix; en vain, d'un moment à l'autre, la maréchaussée peut les surprendre, leurs délibérations ne portent aucune trace d'acrimonie ou de passion. Sans peur comme sans reproche, ils ne savent ni se révolter ni fléchir. Ils prennent le ciel à témoin de la droiture de leurs intentions; et, bien décidés à servir Dieu selon les mouvements de leur conscience tout en rendant à César ce qui appartient à César, ils appellent de leurs vœux l'aurore de jours meilleurs qui ne se lèvera que sur leurs tombes.

Antoine Court était venu de Lausanne prendre part aux travaux du synode. Ce fut grâce à son intervention que l'affaire Boyer, qui passionnait depuis longtemps les esprits et dont Roger s'occupa, en qualité de commissaire nommé par le synode, fut définitivement réglée (1). Dans une assemblée du Désert qu'il présida, un auditoire de dix mille personnes se groupa autour de lui et des neuf pasteurs qui y assistèrent. Ce fut avec une émotion profonde que ces protestants, venus de plusieurs lieues à la ronde, entendirent ce nouveau Néhémie qui, encore adolescent, avait dit à ses frères : « Venez et rebâtissons les murs de Jérusalem, afin que nous ne soyons plus en opprobre. » Il exhorta ses anciens paroissiens à persévérer dans leur fidélité à l'Evangile, reprocha à quelques-uns d'entre eux leur timidité, et les engagea à se rassembler au grand jour et dans les villes. Il pensait que la cour, dans l'impuissance de les réduire, cesserait bientôt de sévir contre eux. Illusion généreuse inspirée par cette charité qui croit tout, et partagée d'ailleurs par un grand nombre de ses religionnaires.

Après avoir réglé les affaires de l'Eglise, les membres du synode se livrèrent aux douces effusions de l'amitié. Que de nouvelles n'avaient-

(1) Voir, pour cette affaire, notre travail, *Une Victime de l'intolérance au dix-huitième siècle, Desubas*, p. 73-103, Toulouse, 1879.

ils pas à se communiquer ! Court se réjouit des progrès accomplis depuis trente ans, et il intéressa vivement ses amis en leur parlant de ses travaux, de ses démarches auprès des puissances étrangères, de ses espérances. L'avenir paraissait moins sombre. Peut-être que leur fidélité finirait par lasser les persécuteurs ! Ce fut le cœur plein d'espérance qu'ils se séparèrent, en bénissant Dieu de l'entrevue qu'il leur avait ménagée. Court reprit le chemin de Lausanne, et les pasteurs du Désert, plus confiants, poursuivirent avec une plus grande ardeur leurs travaux d'évangélisation.

Mais des difficultés nouvelles se dressaient à chaque pas. A son retour du Languedoc, Roger convoqua un synode provincial à Gigors, près de Beaufort. Les trois pasteurs du Dauphiné, Jacques Roger, Paul Faure et Daniel Vouland s'y trouvèrent, ainsi que trois proposants qu'ils allaient consacrer au saint ministère, et un certain nombre d'anciens. Des arrestations récentes faisaient présager, pour un avenir prochain, des mesures sévères. Il fallait se concerter en face du péril. Les délibérations furent graves ; la vie des prédicateurs étant menacée, on se demanda quelle conduite il faudrait tenir dans le cas où l'on arrêterait un ministre. Les avis des laïques « allaient tous à

l'enlever de force, » mais les pasteurs insistè-
rent pour qu'on n'employât pas la violence.

On songea à envoyer un député au parlement
de Grenoble pour savoir de lui pour quelle raison on venait d'arrêter un certain nombre de
personnes ; mais un gentilhomme de Salles,
M. de Calon, a qui l'on avait d'abord songé
pour cette mission, refusa, « craignant que cela
n'attirât des affaires. »

On décida une collecte pour assister les prisonniers ou, plutôt, pour suivre leur cause.
Les membres du synode, donnant l'exemple,
se cotisèrent chacun pour un écu de six francs.
Une somme de cent écus fut ainsi recueillie.

On procéda enfin à l'examen des trois candidats au saint ministère. Epreuve solennelle,
mais dont le résultat ne pouvait être douteux :
ils avaient donné des preuves suffisantes de zèle
et de capacité. C'étaient : Pierre Rozan, sur-
nommé Dunoyer ou Laplace, né à Combovin
et qui avait suivi les leçons des pasteurs de
1738 à 1740 ; Louis Ranc, âgé de vingt-cinq
ans, élève de Roger de 1736 à 1740 ; Etienne
Roland, enfin, qui, plus âgé que les précédents
et déjà dans la force de l'âge, — il avait qua-
rante-deux ans, — annonçait depuis plusieurs
années l'Evangile, en qualité de proposant. On
les interrogea sur les principales matières de la

théologie et de la morale; puis ils prêchèrent sur un texte donné, le premier sur Jean, XIII, 36; le second sur 1 Pierre, II, 17; le troisième sur Jacques, IV, 8. Leur examen satisfit pleinement les juges, et leur consécration fut décidée.

Cette cérémonie eut lieu dans un bois, le 18 octobre, et attira de tous les environs une foule avide des émotions religieuses que lui promettait cette fête. On l'évalua à douze mille personnes et, sans une pluie qui survint dans la matinée du dimanche, elle aurait été plus considérable encore. Roger, s'inspirant de sa vieille expérience, entretint les futurs pasteurs de la grandeur et des périls de leur vocation, et les exhorta à combattre jusqu'à la fin le bon combat de la foi. Qui pouvait penser, dans l'auditoire, que l'année suivante ce vieillard vénérable scellerait de son sang ces vérités qu'il exposait avec tant de force? Mais Louis Ranc, le plus jeune des trois candidats qu'il introduisait dans la carrière, devait le précéder de deux mois dans la gloire. Racontons avec quelques détails la fin prématurée de ce confesseur de vingt-six ans.

XV

1719-1745

A deux lieues environ de Privas, dans les
montagnes du Vivarais, se dresse sur une hauteur le village d'Ajoux. C'est là qu'était né
Louis Ranc, dans le courant de l'année 1719.
D'une famille aisée, il pouvait, selon les lois du
temps, prétendre, en sa qualité de fils aîné, à
tout l'héritage paternel; il était, de plus, assuré
de la succession d'un oncle fort riche et sans
enfants. L'avenir s'offrait donc à lui sous les
plus riantes couleurs; mais les impressions sé-

rieuses qu'il avait reçues au sein d'une famille pieuse se développèrent avec l'âge. A mesure qu'il apprit à connaître les souffrances des Eglises du Désert, sa piété s'affermit et il conçut de bonne heure le dessein de se consacrer à leur service.

C'est à dix-sept ans qu'il commença à se préparer au ministère sous la croix. Il fallait certes à un jeune homme de cet âge du courage pour prendre cette résolution. La persécution sévissait alors dans toute sa rigueur. Le célèbre édit de 1724 n'était pas une lettre morte ; le supplice de Pierre Durand l'avait bien montré. Mais le caractère de Ranc était d'une trempe peu commune. Les difficultés, bien loin de l'arrêter, ne faisaient qu'exciter son ardeur, et il traversa le Rhône pour suivre Jacques Roger comme écolier ambulant.

Le restaurateur du protestantisme dans le Dauphiné eut bientôt remarqué la vive intelligence et la profonde piété du jeune Vivaraisien. Il le prit en affection, et les Eglises de la province ne tardèrent pas à apprécier les qualités et le zèle de ce nouveau proposant. Elles lui donnèrent une marque de leur confiance en l'envoyant dans le Languedoc, quelque temps avant la tenue du synode national de 1744, pour travailler, de concert avec Desubas et plusieurs autres, à une enquête relative à l'affaire Boyer. Notre jeune délégué apporta à sa tâche, avec une pensée mûrie avant le temps, une entente profonde des affaires ; aussi fut-il vivement sollicité par les Eglises du Midi de se mettre à leur service ; mais c'est en vain qu'on lui offrit des avantages considérables. « Je dois, » dit-il, « rester où la Providence m'a placé ; » et il ajoutait qu'il n'était pas convenable de chercher à lui faire abandonner des Eglises dont il était venu défendre les intérêts.

Après sa consécration à Gigors, le nouveau pasteur reçut pour champ de travail le quartier de la plaine, c'est-à-dire les Eglises disséminées sur les rives de la Drôme, depuis Aouste jusqu'à Loriol. Il se rendait souvent dans les environs de Chabeuil. Il trouvait, dans les collines boisées de la Raye, des endroits propices pour la tenue des assemblées. Un jour il y courut un grand danger. Déjà les fidèles étaient groupés autour de leur pasteur qui se disposait à leur annoncer l'Evangile, lorsque, par cette espèce de seconde vue dont les annales du Désert offrent plus d'un exemple, il conseille à ses auditeurs de se cacher. Il était temps. Bientôt les hommes de la maréchaussée arrivent à l'endroit même où devait se tenir l'assemblée ; mais, trompés par le silence qui y

règne, ils se retirent et les protestants repren-
nent leur culte interrompu.

La dernière réunion que présida Louis Ranc
se tint dans le vallon des Combes, à quelques
minutes de Livron. C'était tout près du château
de la Rolière, où Henri III fixa, dit-on, son
quartier général lorsqu'il assiégea Livron, en
1574, et qu'il s'attira cette fière réponse des
huguenots rangés sur la muraille : « Ah ! mas-
sacreurs, vous ne nous poignarderez pas en nos
lits, comme vous avez fait l'Admiral et les autres (1) ! » Sans doute, les nombreux fidèles
qui se rendirent à l'assemblée du Désert n'évo-
quèrent pas ces souvenirs. Leur position toutefois, différait-elle beaucoup de celle de leurs
pères et ne seraient-ils pas allés ramer sur les
galères de Louis XV, s'ils avaient été surpris ?

Louis Ranc fut arrêté quelques jours après.
Il se rendait, dans la matinée du dimanche,
14 février, dans un endroit solitaire, situé entre
Loriol et Cliousclat, où son frère Alexandre
avait convoqué une assemblée, lorsqu'une crue
subite de la Drôme, qu'il fallait traverser, lui
fit rebrousser chemin. Il revint au logis de la
Croix-Blanche, chez un coreligionnaire, Jacob
Claissac (2) dont l'hôtellerie a été depuis trans-

(1) *France protestante.* art. *Roësse.*
(2) Cette famille était très attachée à la Réforme. Plusieurs de

formée en maison d'école. Il se disposait à en repartir le lendemain, lorsqu'il apprit qu'un enfant protestant venait de naître pendant la nuit, et qu'on le priait de rester pour le baptême. Il présida cette cérémonie dans la soirée. Mais le curé de Livron, M. de Montresse, était aux aguets. Sachant que bientôt la célébration d'un baptême nécessiterait à Livron la présence d'un ministre, il avait mis sur pied ses émissaires. Dès qu'il eut appris que Ranc était dans le village, il dépêcha son vicaire à Valence pour chercher la maréchaussée. Ranc, toutefois, aurait pu s'évader. La fille de Jacob Claissac, son hôte, avertie par des catholiques chez qui elle travaillait à des ouvrages de couture, instruisit ses parents des dangers que courait le pasteur. Mais ce dernier se contenta de se cacher sous un tonneau couvert de javelles de chanvre, après avoir fait disparaître quelques livres et des papiers qui auraient pu le compromettre, et il attendit les événements.

Cependant les soldats arrivent de grand ma-

ses membres s'étaient réfugiés à l'étranger. L'un d'eux, Jean-Charles, fut lecteur et chantre de l'Eglise du Werder, à Berlin. En 1746, Marie Claissac fut rasée et enfermée pour sa vie, et Françoise Claissac pour cinq ans. Leur crime était d'avoir assisté à des assemblées religieuses. Quant à Claissac, l'hôte de Ranc, il fut retenu quelque temps en prison, puis élargi et enfin condamné, par contumace, à dix ans de galères, le 23 septembre 1746.

tin. Conduits par le curé, ils se livrent, dans la maison de Claissac, aux plus actives recherches. Peine inutile. Le temps passe sans amener la découverte du pasteur. Ils vont se retirer, lorsqu'une paire de pantoufles, oubliées dans un coin, frappe leurs regards. Sans doute elles appartiennent au ministre, et, sûrs désormais que le prédicant est dans la maison, ils reviennent sur leurs pas.

Louis Ranc avait suivi, avec une émotion plus facile à comprendre qu'à décrire, tous les incidents de cette poursuite dont il était l'objet. Lorsqu'il entendit les pas s'éloigner, il crut le péril conjuré, et, pour se rendre compte du temps qu'il avait passé dans les ténèbres, il eut la malheureuse idée de faire sonner sa montre à répétition. Ce bruit acheva de le trahir, et M. de la Tuilière, commandant du détachement, mit la main sur lui. C'était le mardi, 16 février, à six heures du matin.

Le prisonnier fut aussitôt conduit à Valence, avec le fils de son hôte, et il dut comparaître devant Chaix, le subdélégué de l'intendant. Il reconnut loyalement qu'il avait rempli toutes les fonctions du saint ministère.

On lui demande son nom.
Même sa profession.

dit une des complaintes qui furent composées sur son martyre :

> Leur répond : je suis ministre,
> Je m'appelle Louis Ranc,
> Avec sa face riante,
> Sans aucun étonnement.

Il alla même jusqu'à dire, avec l'imprudente hardiesse de son âge et sans s'apercevoir qu'il compromettait une coreligionnaire, qu'il avait béni le mariage d'une femme présente à son interrogatoire et qu'il avait omis de lui délivrer un certificat ; et il le rédigea séance tenante, sur la demande du subdélégué.

Tant de grandeur d'âme ne toucha point ce dernier. Aveuglé par le fanatisme, Chaix se laissa aller envers son prisonnier aux plus coupables violences. Il le chargea de chaînes et le fit jeter dans une basse-fosse. Aussi redoutable aux témoins qu'au prisonnier lui-même, il leur posait des questions insidieuses qu'il accompagnait d'injures et de menaces, et il dictait lui-même à son greffier leurs réponses qu'il arrangeait à sa façon.

Aux souffrances que causèrent à Louis Ranc les procédés iniques du subdélégué s'ajoutèrent bientôt les tracasseries mesquines et cruelles des Jésuites. Ils vinrent le trouver dans son cachot, comptant sur une conversion facile et qui les couvrirait de gloire. Il les écouta patiemment et les réfuta avec un à-propos remarquable. En vain, ils répandirent le bruit qu'il avait eu la bouche fermée par leurs arguments. Un abbé plus sincère écrivit à ses parents, qui habitaient Charpey, près de Chabeuil : « Ranc est un homme d'esprit et il est impossible qu'il soit devenu si savant au Désert. » C'est ainsi que la malveillance elle-même était obligée de s'incliner devant lui.

Ranc ne resta que quelques jours à Valence. Il en partit le 27 février pour Grenoble, où il arriva le 1er mars.

Cependant la triste nouvelle avait rempli de consternation les Eglises du Dauphiné. Jacques Roger, qui avait pour Ranc l'affection d'un père, lui écrivit dans sa prison une lettre touchante : « Pauvre enfant, » disait-il souvent en parlant de lui, « que je voudrais être à sa place ! » Il disait encore, en jouant sur son nom : « Il est Ranc de nom comme de fait. Je ne doute pas plus de lui que de moi (1). » Ses collègues et lui firent tous leurs efforts pour sauver le jeune pasteur. Vouland en écrivit à Court, à Lausanne. Il priait le député général des Eglises

---

(1) *Ranc*, dans le patois de la vallée de la Drôme, signifie « rocher. »

de s'adresser à Ostervald, pasteur à Neuchâtel, le célèbre traducteur de la Bible, pour qu'il intéressât au sort du prisonnier le roi de Prusse, alors allié de la France. On envoya aussi des suppliques au comte Maurice de Saxe ; mais le procès de Ranc fut conduit avec une trop grande rapidité pour permettre à ces démarches d'aboutir.

Le lendemain de son arrivée, Ranc sortit de la conciergerie pour comparaître devant ses juges. Le conseiller à la cour chargé de rapporter son procès dit que l'accusé avouait avoir rempli toutes les fonctions de son ministère, tenu des assemblées, administré les sacrements et béni des mariages ; mais, gagné par les qualités morales du prisonnier, il plaida en sa faveur les circonstances atténuantes, et se fondant sur la jeunesse de Ranc, qui pouvait lui faire ignorer les ordonnances du roi, il conclut aux simples galères. Un moment son avis sembla prévaloir. Un des juges alla même jusqu'à dire que s'il s'agissait de condamner à mort un jeune homme de vingt-six ans, il ne donnerait point sa voix et se retirerait ; ce qu'il fit. Il est doux de rendre hommage à ces sentiments d'humanité ; mais ils ne purent prévaloir. Le premier président, M. de Piolenc, réclama avec instance une condamnation capitale et il l'obtint. Il avait promis auparavant la vie sauve au ministre s'il abjurait ; mais il n'avait reçu pour toute réponse qu'un silence plein de dignité. Voici les termes mêmes de cet arrêt, qui fut imprimé et affiché dans tout le Dauphiné :

» Arrest de la souveraine cour de parlement, aydes et finances du Dauphiné, du 2 mars 1745, qui condamne à mort le nommé Louis Ranc, prédicant.

» Entre le procureur général du roi demandeur en cas de contravention aux édits et déclarations de Sa Majesté, concernant l'exercice de la religion prétendue réformée, et assemblée illicite d'une part, et le nommé Louis Ranc, prédicant, se disant ministre de ladite religion prétendue réformée, accusé et détenu dans la prison de la Conciergerie du palais, d'autre ;

» Veu, etc. Ouï sur ce le rapport de notre amé et féal Alexandre de Roux de Gaubert, comte de Laric, conseiller à ladite cour ;

» La cour a déclaré ledit Ranc atteint et convaincu d'avoir fait les fonctions de prédicant dans diverses assemblées de religionnaires et en divers lieux de la province, pour réparation de quoi l'a condamné d'être livré entre les mains de l'exécuteur de la haute justice, mené et conduit la hart au col en la ville de Die, pour, dans la place principale de ladite ville et à une potence qui sera dressée à cet effet, être pendu et étranglé juqu'à ce que mort naturelle s'ensuive. Ordonne que la tête dudit Ranc sera coupée et portée au lieu de Livron, pour être mise sur un poteau au-devant de la maison du nommé Gleysat (*sic*). Ordonne pareillement que les livres retenus au greffe et trouvés dans la maison dudit Gleysat, seront brûlés par l'exécuteur de la haute justice, au pied dudit poteau ; a condamné ledit Ranc à l'amende de cent livres envers le Roy et aux dépens et frais de justice, pour lesquels, ensemble pour tous ceux faits contre les contrevenants aux édits et déclarations de Sa Majesté, sur le fait de la religion, est décerné contrainte solidaire sur ses biens.

« Fait en parlement, le 2 mars 1745 (1) »

Ranc n'assista pas au prononcé de son jugement ; mais lorsqu'il l'apprit, loin de se laisser abattre, ce jeune confesseur manifesta sa joie d'être jugé digne de souffrir pour son Sauveur. Il pouvait dire avec saint Paul : « Christ est ma vie et la mort m'est un gain. »

Ranc partit de Grenoble avec deux protestants du Dauphiné, condamnés aux galères

______

(1) *Bulletin*, t. XIII, p. 335.

perpétuelles. C'étaient Antoine Riaille, d'Aouste, et Etienne Arnaud, de la Charce. Le premier, surpris dans une assemblée, dut, pour ce délit, ramer trente ans sur le banc des forçats; il ne fut libéré qu'en 1775, grâce aux efforts de Court de Gébelin. Le crime du second était d'avoir appris aux enfants de Dieulefit le chant des psaumes. Avant de subir sa peine, il fut exposé à un poteau sur la place de cette ville, et ses livres furent mis au carcan à côté de lui. On plaça ces trois condamnés dans un chariot infect, tandis que, par un dernier raffinement de cruauté, le cheval du ministre, qu'on avait pris en même temps que son maître, à Livron, était monté par un soldat de la maréchaussée.

Ranc fut conduit de Grenoble à Die par Valence. Durant toute la route il provoqua les regrets des protestants et les édifia par l'expression de paix répandue sur sa physionomie et par le chant de ses cantiques. A Crest, il voulut se faire raser et soigner les cheveux, qu'il avait fort beaux. « Cet air de propreté, » dit Armand de la Chapelle, « lui parut nécessaire pour montrer mieux la sérénité qui régnait dans son âme et le mépris qu'il faisait de l'injuste mort qu'il avait à subir (1). » Un moine

(1) Ouvrage cité, t. II, p. 261.

franciscain vint le visiter pendant les quelques heures qu'il séjourna à Crest ; mais il n'eut pas lieu de se féliciter du tour que prit la discussion et il dut reconnaître que, « quoique Ranc ne sût pas les langues, il possédait fort bien la théologie. » La sentinelle qui le gardait assistait à l'entretien. Elle déclara que le ministre avait confondu le moine. Ce dernier s'essuyait le front en se retirant, et son hôtesse lui ayant demandé s'il avait pu embarrasser le pasteur par ses arguments, il avait gardé le silence.

Quelques cavaliers et une centaine de grenadiers l'escortèrent sur le chemin de Die, et le livrèrent ensuite au bataillon de cette ville, qui vint à leur rencontre.

Il existait dans les Eglises du Désert une coutume touchante renouvelée de la primitive Eglise. Lorsqu'un pasteur était arrêté, ses collègues députaient un fidèle chargé de le voir aussi souvent que le permettait la surveillance des gardiens, de l'encourager par sa présence, de recueillir ses moindres paroles comme un héritage précieux, et de raconter ensuite aux Eglises les derniers moments du martyr. Celui qui avait reçu cette pieuse mission ne perdit pas de vue une seul instant le condamné de Grenoble pendant cette longue marche. Il le vit, durant les haltes, prendre ses repas comme à l'ordinaire et faire preuve d'une très grande tranquillité d'âme. Quant il reprenait sa route, il recommençait à chanter des psaumes, en particulier le CXLII[e] : *Vers Dieu dans les derniers abois...* qui répondait si bien à sa position, et il ne cessa que lorsqu'il fut à Die.

Ce fut le lendemain de son arrivée qu'il entendit pour la première fois la lecture de son jugement. On l'avait logé dans une hôtellerie, en attendant sont supplice. Les moines et les prêtres ne tardèrent pas à l'y harceler. Il leur répondit avec dignité :

— J'ai bien le temps de disputer avec vous ! Je désire employer les courtes heures qui me restent encore à la prière et à l'adoration.

Et lorsque, revenant à la charge, ils le pressaient de renoncer à sa foi, il se bornait à leur dire :

— J'ai choisi la bonne part, qui ne me sera point ôtée.

Sa dernière heure allait sonner. Comme pour s'y préparer, il chanta les sept premiers versets du psaume CXVIII[e], l'hymne des martyrs, et répéta deux fois le verset 11 :

> La voici l'heureuse journée
> Qui répond à notre désir ;
> Louons Dieu qui nous l'a donnée,
> Faisons-en tout notre plaisir.

Grand Dieu! c'est à toi que je crie,
Garde ton oint et le soutiens.
Grand Dieu! c'est toi seul que je prie,
Sauve ton peuple et le maintiens.

Vers trois heures de l'après-midi, d'Audiffret, commandant du Diois, le fit sortir, *la hart au col*, comme le portait la sentence, et passer par toutes les rues de la ville escorté d'un fort détachement de soldats. Dix tambours ne cessaient de battre la mascarade ; mais le jeune pasteur, comme étranger à ce qui se passait autour de lui, avait les yeux fixés au ciel, à l'exemple d'Etienne, et semblait contempler Celui qui est invisible.

Arrivé au pied de l'échelle, il se mit à genoux, implora une dernière fois la miséricorde de Dieu, repoussa du geste le prêtre, qui, jusqu'au dernier moment, le fatigua de ses obsessions, et monta l'échelle avec courage, au milieu du bruit assourdissant des tambours. Ses yeux ne quittèrent pas le ciel, qui s'ouvrit bientôt pour lui. Ce tragique événement se passait le vendredi, 12 mars 1745.

Nous voudrions pouvoir supprimer les détails qui suivent ; mais il nous faut raconter jusqu'au bout cette navrante histoire. Après la strangulation, la tête de Ranc, qu'on sépara du tronc, fut portée à Livron et exposée sur un poteau devant l'hôtellerie de Claissac. Les juges l'avaient ainsi ordonné ; mais le commandant du Diois et le grand vicaire de l'évêque ne craignirent pas d'aggraver les peines édictées par le parlement. Ils firent traîner le corps dans les rues de la ville et l'abandonnèrent aux outrages de la populace. Ils contraignirent même un jeune homme protestant, qui n'avait pu retenir ses larmes à la vue de tant d'héroïsme et de cruauté, à se joindre au bourreau pour traîner le cadavre, qui fut jeté dans un égout. Une dame catholique, dont nous voudrions pouvoir citer le nom, eut la pudeur de l'en retirer et lui fit donner une sépulture honorable.

Telle fut la fin triomphante de ce jeune martyr de vingt-six ans. Dieu lui avait accordé des dons remarquables. Les Eglises fondaient sur lui de grandes espérances ; les qualités éminentes de son esprit et de son cœur lui avaient gagné toutes les sympathies. Cette affection profonde se trahit dans les chants populaires composés sur sa mort :

> Pleurez, gens du Dauphiné !

dit l'un d'eux ;

> Pleurez, maintenant, pleurez !
> Ils ont pris, dans nos villages,
> Le ministre Louis Ranc ;
> Il faut plaindre sa personne,
> Car il était très savant.

« Tous ceux qui l'ont connu, » disent à leur tour les relations inédites du temps, « lui rendront le témoignage d'avoir toujours tenu une conduite véritablement chrétienne et *sortable* au saint ministère. »

On vient de voir la mort du martyr. Il ne sera pas sans instruction de connaître celle des persécuteurs. Chaix, le subdélégué de Valence, qui l'avait traité avec si peu d'humanité, eut, quelque temps après le supplice de Ranc, une attaque de paralysie accompagnée d'une espèce de démence. Il se livrait à des actes de violence sur ses domestiques et sur tous ceux qui l'approchaient, vomissait contre Dieu les plus horribles blasphèmes et injuriait jusqu'aux personnes qui l'exhortaient à la patience. Les protestants virent, dans cet horrible état où il était réduit, comme un châtiment du Seigneur. Le bedeau de Livron, qui avait exposé sur un poteau la tête de Ranc après l'avoir promenée dans les rues de ce bourg, passa aussi par de terribles angoisses avant de mourir, et il s'écriait souvent : « Ranc, Ranc, viens à mon secours, viens me délivrer ! » Quant au curé de Montresse, on lui accorda une pension annuelle de 400 livres. Ce fut le prix du sang !

Le martyre de Louis Ranc fit une impression profonde sur les protestants du Dauphiné. Il inspira aux poètes des bords de la Drôme plusieurs complaintes moins remarquables assurément par leur valeur littéraire que par les sentiments religieux qu'elles expriment, comme aussi par les données historiques qu'elles renferment. Nous en avons retrouvé trois. La première, dont on a lu déjà deux strophes, en renferme vingt-deux ; elle est encore assez connue dans la vallée de la Drôme, où on la chante durant les longues veillées d'hiver. Nous avons souvent entendu citer ces vers que le poète inconnu met dans la bouche de Louis Ranc.

> Monsieur Ranc dit en mourant :
> Bon courage, mes enfants,
> Que rien ne vous épouvante !
> Qui vaincra jusqu'à la mort
> Aura couronne de vie,
> C'est là le meilleur trésor.

La seconde complainte est plus longue ; c'est tout un petit poème de quarante-cinq strophes. Elle ne paraît pas du même auteur que la précédente et ne manque pas d'une certaine originalité (1). Elle se termine par cette apostrophe touchante :

> Cher martyr, on peut bien dire,
> On admire

(1) On la trouvera à l'appendice III.

Ta sagesse et ta douceur.
Tu as quitté la misère
  De la terre
En triomphant et vainqueur.

Tu as fini ta carrière,
  En prière,
Tes peines et tes travaux,
Laissant ton corps de poussière
  A la terre,
Pour aller dedans les cieux.

Tu es dans la compagnie
  Infinie
De tous les gens bienheureux.
Tu jouis de la victoire
  Dans la gloire,
Pour toujours dedans les cieux.

Quant à la troisième, elle ne contient que quatorze strophes et ne présente rien de remarquable ; mais la poésie la plus intéressante qu'ait inspirée le martyre de Ranc est un acrostiche que nous avons trouvé dans un vieux cahier jauni par le temps. Est-ce lui-même qui l'a composé, comme semblerait l'indiquer la suscription : *Vers de Louis Ranc?* ou faut-il plutôt l'attribuer à un auteur inconnu qui fait parler lni-même le martyr ? Quoi qu'il en soit, ces vers, dans le goût du dix-huitième siècle, dé-

notent une plume exercée et sont remarquables
par les sentiments qu'ils expriment. On ne peut
les lire sans émotion :

Le crime est le bourreau que le sage redoute.
On veut trancher mes jours : ils ne sont plus à moi.
Un prince veut mon sang qui coule goutte à goutte :
Il ne le voudrait pas, si je suivais sa loi.
Son serment fait mon sort ; mais toi, Dieu qui m'écoute,

Rends justice à mon zèle et soutiens mon bon droit.
Amis, je vais tracer une terrible route ;
Ne vous écartez pas, mais soyez sans effroi.
Coule mon sang pour vous beaucoup plus que pour moi.

Comme il arrive presque toujours pour les
événements qui produisent une impression profonde sur les esprits, la tradition a brodé sur
l'histoire, et la légende s'en est mêlée. Elle raconte que lorsque Ranc eut la tête tranchée à
Die, sur la place de la Cathédrale, la rage de
ses ennemis fut si violente, qu'ils jetèrent son
cadavre contre les murs de l'église. Ses mains
ensanglantées y laissèrent leur empreinte. Elle
y reste gravée comme un témoignage accusateur contre les meurtriers, malgré les efforts
qu'on a faits pour l'enlever, et ni les ondées de
pluie qui frappent sur ce mur ni les rayons de
soleil ne peuvent l'effacer. Cette légende, qui
rappelle la tache de sang de lady Macbeth, est

significative et marque les protestations de la conscience. Elle nous plaît moins cependant que cette autre : Sur la tombe où repose la dépouille mortelle de ce héros de la foi , on voit s'épanouir, chaque printemps, des fleurs gracieuses, sans que la semence en ait été confiée à la terre. Quelle image pouvait mieux nous dire que cette vie, tranchée dans sa force et dans sa beauté, ne s'est pas flétrie pour toujours, mais que, selon la belle expression du Psalmiste, « plantée dans la maison de l'Eternel, elle fleurit dans les parvis de notre Dieu ! »

Ce douloureux évènement n'arrêta point le zèle des pasteurs du Dauphiné. L'un d'eux, qui avait prononcé à cette occasion un sermon sur le martyre de saint Etienne, écrivait à Antoine Court : « Je sais, à n'en pouvoir douter, qu'il y a un nombre considérable d'espions à mes trousses. Je sais, de plus, qu'ils se tiennent tous les soirs aux endroits où il s'imaginent que je dois passer ; qu'ils y restent bien avant dans la nuit. Mais si, après toutes les précautions que je prends pour éviter de tomber entre leurs mains, Dieu m'appelle à souffrir pour son nom, j'y suis tout résolu. Je suis convaincu que la mort me serait meilleure que la vie. Heureux celui qui peut empoigner de bonne heure la couronne de justice que le Dieu de vérité a promise à son serviteur ! »

Le 19 mars, Antoine Court écrivit à Paul Rabaut la triste nouvelle, et sa lettre renferme quelques détails qui méritent d'être relevés : « J'ai appris diverses nouvelles qui m'affligent infiniment, » disait-il à son ami, « et qui doivent vous obliger à prendre les mesures les plus efficaces pour votre conservation. M. Ranc n'est plus. Il fut arrêté le 16 février, conduit d'abord dans les prisons de Valence, transféré de là dans celles de Grenoble, où il ne fut que trois jours. Ce court espace suffit pour l'instruction de son procès et pour l'émanation d'un arrêt qui le condamna à perdre la vie sur un gibet... Quelques amis lui ayant fait savoir qu'ils se préparaient à l'enlever, il leur fit répondre qu'ils se gardassent bien de commettre aucune violence ni de recourir à aucune voie de fait ; qu'il était tranquille et résigné, bien résolu de rester fidèle à sa religion et à son ministère jusqu'à son dernier soupir. Il montra la constance et la ferveur des premiers martyrs lorsqu'on le conduisit au supplice. On dit qu'après l'avoir pendu, on lui coupa la main droite et la tête... On assure que, bien loin que ce supplice ait intimidé nos frères de l'endroit, ils n'ont été que plus affermis dans la grâce de Dieu, et qu'il se tint, dès le lendemain de l'exécution, une assemblée de près de quatre mille âmes dans le voisinage. »

XVI

1745

L'année 1745, qui vit mourir Louis Ranc et
Jacques Roger, s'était ouverte pour les protestants du Dauphiné sous les plus fâcheux auspices. « Au mois de janvier, » raconte Antoine
Court, « les maréchaussées du Diois, escortées
de gros détachements, furent détachées à la
quête du ministre Roland, qu'elles ne purent
pourtant pas découvrir ; mais, chemin faisant,
elles laissèrent partout de tristes monuments
de leur passage, faisant beaucoup de prison-

niers et commettant beaucoup de désordres. Toute la garnison de Nyons fut logée chez des protestants du lieu ; ceux de Vinsobres, au retour d'une assemblée, furent obligés de loger les soldats à discrétion. A Volvent, la troupe fut grossie par le seigneur du lieu, nommé Bernard de Volvent (1), qui, autorisé par M. d'Audiffret, commandant du Diois, se mit à la tête de ses paysans pour prêter main-forte à ceux qui poursuivaient les ministres. Ce fut la nuit du 6 au 7 février qu'il commença ses expéditions par un village nommé Tonils, dans le val de Bourdeaux, où l'on croyait que le ministre Roland s'était retiré et où, ne le trouvant point, il pilla tous les habitants et leur enleva tout ce qu'il put emporter. Il s'acharna surtout sur la maison du sieur Jean Meffre, du lieu d'Arnayon ; parce qu'il y supposait d'argent caché, il la renversa sens dessus dessous. A Pontaix, une compagnie entière de soldats resta logée chez les protestants tout un mois ; ils étaient obligés de donner à chaque soldat quatre livres par jour. A Bourdeaux, Beaufort, Gigors, Plan-de-Baix, à la vallée de Quint, à

______

(1) Nous l'avons déjà vu concourir à l'arrestation de Chambon et d'Allard. « C'était, » disent les frères Haag, « un apostat qui cherchait à signaler son zèle de néophyte par des actes de cruauté et de barbarie. »

Saint-Dizier, à La Motte, Montmeyran, Combovin, Châteaudouble, Charpey et autres lieux du Dauphiné, les soldats ont été logés chez les protestants à pure perte, y ont commis beaucoup de désordres et porté partout la désolation (1). »

Pendant que la maréchaussée tenait la campagne à la recherche des ministres, la cour ne cessait de fulminer contre eux et leurs paroissiens. Le 16 février, le jour même de l'arrestation de Louis Ranc, parut une nouvelle ordonnance contre ceux de la religion prétendue réformée. Non seulement elle renforçait les dispositions hostiles des précédentes déclarations, mais les mesures de rigueur y étaient poussées jusqu'à l'absurde. C'est ainsi que l'article 8 portait : « Attendu que les prédicants qui viennent de pays étrangers ou s'élèvent dans le pays, et qui sont les principaux auteurs de toutes les assemblées, ne trouvent le moyen de les entretenir que par la facilité des retraites que les nouveaux convertis leur donnent dans leurs maisons, Sa Majesté ordonne que *tous les nouveaux convertis* des communautés d'un arrondissement, dans l'étendue desquelles un prédicant pourra être arrêté, seront condamnés à

____

(1) Ant. Court, *Mémoire historique* faisant suite au *Patriote français et impartial*, p. 100 et suiv.

trois mille livres d'amende applicables au dénonciateur qui en aurait procuré la capture, et ce, indépendamment du procès qui sera fait et parfait, suivant la rigueur des précédentes ordonnances, à celui dans la maison duquel le prédicant aura été trouvé (1). »

Les autres articles respirent la même fureur aveugle, et si, dans quelques provinces, les intendants n'appliquèrent pas dans toute leur rigueur ces lois odieuses, celui du Dauphiné ne connut jamais les compromis. Il avait à cœur de mériter les éloges adressés plus tard au parlement de Grenoble, « par la vigilance et la sévérité duquel, » écrivait Saint-Florentin au duc de Choiseul, le 15 janvier 1763, « le Dauphiné a été mieux maintenu dans le devoir que les autres provinces. »

Roger, nous l'avons dit, avait envoyé à Ranc dans sa prison une lettre pleine de sympathie. Il lui semblait que les archers s'étaient trompés de victime, et que c'était à lui, vétéran blanchi au service de son Maître, que revenait l'honneur de le confesser le premier devant les hommes. Et puis ses forces, usées par cette activité incessante, commençaient à le trahir. Lutteur fatigué, il soupirait après le repos, non celui

(1) Ch. Coquerel, ouvrage cité, t. I, p. 301.

de la terre, mais celui du ciel. Son ambition était de tomber au champ d'honneur. Il fit à cette époque une maladie dont il crut mourir. « Ce qui l'affligeait extrêmement, » dit Paul Rabaut (1), « c'était que Dieu ne lui fît pas l'honneur de l'appeler à signer de son sang la sainte doctrine qu'il avait prêchée. » Son vœu ne devait être que trop tôt réalisé.

Au nord de Sainte-Croix, non loin des montagnes d'Ambel, et à deux lieues environ de la grande route de Crest à Die, on rencontre, en remontant le cours de la Sure, qui descend de la vallée de Quint, le village de Vachères. Les coteaux élevés qui l'entourent et qui semblent l'isoler du monde présentent aujourd'hui un aspect riant et sont couverts de vignes et de noyers. Ils étaient, il y a un siècle, garnis de bois épais qui offraient une sûre retraite aux pasteurs proscrits. On montre encore au voyageur la maison solitaire où Roger recevait l'hospitalité. Il baptisa, dans cette Eglise, une jeune fille, le dimanche 29 janvier 1745. Le certificat suivant, qu'il délivra à la famille, est, avec celui du mariage de Pierre Durand, la seule pièce de ce genre, signée de Roger, que nous ayons retrouvée. C'est à ce titre que nous la publions :

(1) Lettre du 25 juin 1745.

« Nous, par la grâce de Dieu sous signé, ministre du Saint Evangile et pasteur aux Eglises réformées de Dauphiné, atteste et certifie advoir administré le Saint Sacrement du bateme à J. (une déchirure a enlevé le reste du nom) Serre, fille légitime de Pierre et de Geneviève Morin, mariés et abitans des Petites Vachères (Diois). Elle est née le vingtième janvier mil sept cens quarante cinq et a été batisée le vinte neuf au Désert à notre exercisse de piété, présence un grand nombre de témoins, outre les signés dans le registre. Son parain est Barthélemy Serre et Benoîte Morin, sa maraine.

« Signé : J. ROGER, pasteur. »

Ce fut juste trois mois après, le 29 avril 1745, que Roger fut arrêté, non loin d'une cabane où il avait passé la nuit. Un protestant de Sainte-Croix, Pierre Audra dit le Brun, et deux catholiques, dont l'un se nommait Pierre Arbot, avaient eu le triste courage de trahir sa retraite ; guidés par eux, les cavaliers de la maréchaussée et quatre ou cinq compagnies de soldats en garnison à Die, s'étaient mis de grand matin à sa recherche. Quand l'officier le rencontra accompagné d'un jeune homme et déguisé en paysan, il lui demanda son nom. « Je suis, » répondit le vieillard, « celui que vous cherchez depuis trente-six ans. Il était bien temps de me trouver. » Comme Ignace d'Antioche, remarque M. de Félice, il soupirait après le martyre.

Les soldats trouvèrent sur lui quelques registres de baptêmes et de mariages, et ils lui prirent le peu d'argent qu'il s'était économisé depuis qu'il habitait la province, ainsi qu'une somme collectée dans les Eglises pour différentes œuvres. Le tout pouvait s'élever à vingt-trois louis d'or (1). Roger fut aussitôt enfermé dans la tour de Crest, et de là transféré à Valence, où il eut à subir les insultes de la populace. On le conduisit ensuite à Grenoble en compagnie de quelques autres accusés protestants.

La nouvelle de la prise de Roger se répandit bientôt, non seulement dans les Eglises de France, mais aussi dans celles de la Suisse. Le bruit courut un moment, dans ce dernier pays, que le vieux pasteur avait pu s'évader et s'était

(1) On conserve encore dans la famille Moulin, de Vachères, qui avait souvent reçu le pasteur du Désert, un mors de cheval et un étrier, ainsi qu'un vieux manteau dévoré par les mites, qui ont appartenu à Roger. Il avait aussi laissé dans cette maison un exemplaire de l'*Institution chrétienne* de Calvin, dont M. le pasteur Charra, de Cliousclat, vient de faire don à la bibliothèque du protestantisme, à Paris.

réfugié à Lausanne. La femme de Corteiz, qui habitait Genève, s'adressa à son mari pour connaître l'exacte vérité : « Plût à Dieu, » lui répondit-il, « que M. Roger eût été à Lausanne, comme tu me l'avais marqué. Il ne serait pas aujourd'hui entre les mains de ses ennemis. Son triste sort met tous les fidèles dans des alarmes continuelles. L'on s'attend chaque jour à entendre publier sa mort. Dieu veuille, par sa grâce, lui donner toute la constance dont il a besoin pour qu'il le glorifie à sa mort comme il l'a fait pendant sa vie ! Ces malheurs mettent la province du Dauphiné à deux doigts de sa ruine. »

Une lettre de Vouland à Antoine Court ne laissa plus de place à l'illusion : « Nous ne doutons point de sa constance ni de sa résignation à la volonté de Dieu, » lui disait-il ; « il s'était préparé depuis longtemps à la mort, et il s'y attendait tous les jours. Il est à craindre qu'on n'exerce contre lui les dernières rigueurs, soit à cause qu'il était regardé comme le chef et, pour ainsi dire, comme le fondateur des Eglises naissantes du Dauphiné ; soit, en particulier, à cause de la calomnie dont on l'avait noirci l'année dernière ; mais de quelle manière qu'on agisse à son égard, il n'est pas moins certain qu'il a toujours prêché la soumission et la fidélité envers le sou-

verain ; qu'il empêcha, en 1710, le soulèvement
que le nommé Chapon voulait exécuter dans le
haut Dauphiné ; que lorsque nos amis demandèrent, il y a quelque temps, un état des protestants de cette province, quoique le but n'eût rien
que d'innocent, il ne pouvait en entendre parler,
crainte que cela ne parvînt à la connaissance de
la cour, et que l'on ne l'interprétât défavorablement. » Le correspondant de Court ajoutait que
Roger s'était toujours opposé, lorsqu'on avait
arrêté quelque ministre ou quelque proposant,
au dessein qu'on aurait pu former de les enlever,
de peur qu'il n'en résultât quelque sédition ;
puis il terminait par ces paroles : « Il recom-
manda même très exactement, lorsque M. Ranc
fut arrêté le 16 février dernier, qu'au cas qu'il
vînt à l'être lui-même, on ne formât aucun projet pour l'enlever, qu'il en saurait très mauvais
gré, et que, s'il pouvait le concevoir ou le soup-
çonner, il ne manquerait pas lui même d'en
avertir les troupes qui le conduiraient, pour leur
faire suivre une route opposée. »

Les protestants du Dauphiné se conformè-
rent au vœu de leur pasteur. Ils se bornèrent à
avoir un jour de jeûne et d'humiliation, selon
la pratique constante des Eglises en pareille
circonstance, et, après avoir prié pour celui
qu'ils vénéraient comme leur père, ils attendi-

rent avec une douloureuse inquiétude l'issue
de son procès.

Il ne devait pas traîner en longueur. Dès le
lendemain de son arrivée à Grenoble, le prévenu comparut, à six heures du matin, devant
la chambre criminelle du parlement. Presque
toute la cour était réunie. On l'interrogea de huit
heures à midi et de deux heures à six heures,
et le lendemain il fut encore sur la sellette de
huit heures à midi. Il ne fit aucune difficulté de
reconnaître qu'il était pasteur et qu'il avait rempli toutes les fonctions du ministère évangélique; mais il repoussa avec énergie les accusa-
sations calomnieuses dont il était l'objet. Il en
parla au frère que ses collègues avaient député
auprès de lui, et avec lequel il put s'entretenir
quelques instants à la porte du tribunal. « On
vient, » lui dit-il, « de m'imputer, au sujet du
synode, des choses qui n'ont jamais été ni ne
seront; et ces accusations retombent sur tous
les pasteurs. Allez trouver mes collègues, et
priez-les de m'envoyer les actes des synodes
provinciaux du 7 mai et du 18 octobre 1744,
pour me justifier des fausses imputations dont
on m'a chargé, et pour qu'ils s'épargnent à
eux-mêmes des peines rigoureuses. » L'exprès
partit aussitôt, et Vouland s'empressa d'envoyer à Roger les pièces demandées. Il écri-

vit même une lettre aux membres du parlement pour justifier son vénérable collègue des calomnies dont on l'avait noirci. Ce plaidoyer parvint-il à son adresse ? nous l'ignorons ; toutefois le parlement ne s'arrêta pas à ces imputations malveillantes, et en particulier à l'accusation portée contre Roger d'avoir lu en chaire un faux édit de tolérance. Assez d'autres charges pesaient sur lui. Il fut condamné à être pendu, uniquement pour avoir exercé les fonctions de prédicant contrairement aux édits, et sans qu'il y fût adjoint d'autres peines infamantes. Voici, du reste, le dispositif du jugement qu'il écouta, nous dit M. Coquerel, avec la même fermeté merveilleuse qui avait étonné les juges lors de son interrogatoire. « La Cour a déclaré ledit Roger dûment atteint et convaincu d'avoir fait les fonctions de prédicant dans les diverses assemblées de religionnaires, et en divers lieux de la province ; en réparation de quoi l'a condamné d'être livré à l'exécuteur et être pendu et étranglé jusqu'à ce que mort naturelle s'ensuive (1). »

Cet arrêt, rendu le 22 mai, fut notifié au condamné le même jour, à onze heures du matin. Il remercia ceux qui lui apportèrent ce

(1) Ch. Coquerel, ouvrage cité, t. I, p. 345.

triste message, et se mit aussitôt à chanter avec joie les louanges de Dieu, « de sorte, » disent nos relations manuscrites, « qu'on ne vit jamais dans les prisons de Grenoble un martyr aussi serein. » Un quart d'heure après, deux Jésuites vinrent le voir et l'exhortèrent vivement à songer au salut de son âme et à sa mort prochaine. Ils étaient dans une grande erreur s'ils avaient cru un seul moment obtenir son abjuration. Il les remercia de la sympathie qu'ils lui témoignaient, mais en leur déclarant qu'il savait en qui il avait cru et qu'il désirait depuis longtemps sceller de son sang la vérité qu'il prêchait depuis tant d'années. « La seule grâce que je vous demande, » leur dit-il, « c'est de me laisser en repos pendant les courts moments qu'il me reste encore à passer sur la terre, et d'empêcher que personne ne vienne troubler ma solitude. » On fit droit à sa requête, et il se retira dans un cabinet où il passa quatre heures dans la méditation et la prière. Mais ce tête-à-tête avec Dieu ne fut pas même respecté. Quelques jeunes gens, s'étant mis à la fenêtre, interrompaient ses méditations par leurs rires inconvenants. Il fallut que le geôlier intervînt et les menaçât de la basse-fosse pour leur imposer silence.

Après avoir renouvelé ses forces spirituelles

dans la communion avec son Dieu, Roger traversa deux fois la cour de la prison pour faire
ses adieux aux autres détenus pour cause de
religion. Il leur dit que le jour heureux était
venu où il devait sceller de son sang les grandes vérités qu'il leur avait enseignées. Il les
exhorta à demeurer fermes dans la foi en dépit
des tourments, et leur parla « dans un style si
fort et si pathétique, » qu'ils versèrent d'abon-
dantes larmes, étant touchés surtout de le voir
marcher à la mort avec une si joyeuse assurance. Des émotions aussi fortes lui occasion-
nèrent une soif ardente ; le geôlier lui offrit du
vin, mais il n'accepta qu'un verre d'eau froide.
« Je boirai bientôt, » lui dit-il, « du vin nouveau dans le royaume de mon Père céleste. »
À cette parole, le geôlier, qui s'était d'ailleurs
toujours montré bon pour lui, ne put s'empêcher de fondre en larmes.

Cependant l'instant suprême approchait. A
quatre heures de l'après-midi, le bourreau entra dans la prison et fit descendre le condamné
dans la cour pour lui mettre la *hart au col*, selon la sentence. Roger vit de nouveau s'appro-
cher les deux Jésuites qui l'avaient déjà visité
dans sa prison. Ils le fatiguaient de leurs obsessions. « Songez à votre conscience, » lui
disaient-ils. Il les repoussa avec force, en leur

disant qu'elle était en paix avec Dieu. Puis, levant les yeux au ciel, il s'écria : « La voici l'heureuse journée et l'heureux moment que j'ai si souvent désirés... Mon âme, ma pauvre âme, tu vas maintenant comparaître devant ton Dieu ! C'est l'heureux jour que tu vas entrer dans la joie de ton Seigneur. » Il dit encore aux Jésuites : « Je vous supplie en grâce de me laisser aller libre et de ne point m'interrompre. » Ce qu'ils firent pour un moment. Alors il se mit en marche et entonna d'une voix forte le psaume des pénitents, celui qu'Alexandre Roussel et Durand avaient aussi chanté à leur dernière heure :

> Miséricorde et grâce, ô Dieu des cieux !
> Un grand pécheur implore ta clémence ;
> Use, en ce jour, de ta douceur immense,
> Pour abolir mes crimes odieux.
> O Seigneur, lave et relave avec soin
> De mon péché la tâche si profonde,
> Et fais-moi grâce en ce pressant besoin :
> Sur ta bonté tout mon espoir se fonde.

Arrivé à l'endroit où la potence était dressée, Roger voulut ouvrir la bouche pour adresser une dernière exhortation à ses frères ; mais deux tambours et un fifre couvrirent bientôt sa voix. Homel avait pu haranguer la foule soixante et un ans auparavant, et ses adieux pathétiques avaient longtemps vibré dans les âmes. On ne voulut plus, dès lors, courir le risque de transformer en chaire l'échafaud. Cinquante soldats escortaient Roger. Ils se rangèrent en cercle autour du gibet dressé sur la place Grenette. Un immense concours de peuple l'occupait ; et, dans le nombre, on remarquait des personnes de qualité qui ne pouvaient retenir leurs larmes.

Au pied de l'échafaud, Roger se mit à genoux et resta quelque temps absorbé dans une prière silencieuse. Puis il monta l'échelle avec courage. Son visage resplendissait d'une joie céleste. En vain, les Jésuites voulurent tenter un dernier effort pour le convertir ; il les repoussa vivement. Quelques instants après, « son âme bienheureuse, » selon l'expression de Paul Rabaut, « fut portée dans le sein de son Sauveur. »

C'est ainsi que l'apôtre du Dauphiné rendit, par sa mort triomphante, à l'âge de soixante et dix ans, un dernier témoignage à ce Maître qu'il avait servi fidèlement pendant près de quarante ans. « Il n'y eut personne, » dit Armand de la Chapelle (1), « qui ne lût sur le visage de ce saint confesseur la sérénité pro-

____

(1) Ouvrage cité, t. II, p. 263.

fonde, la piété sincère et le zèle ardent de son âme. Les Jésuites eux-mêmes en parlèrent avec éloge, et diverses personnes de la communion romaine ne purent s'empêcher d'en paraître attendries. « Certainement, disaient-elles, cet homme est au ciel maintenant. » Des prêtres même déclarèrent que leur religion ne leur permettait pas de juger un tel homme, et que de leur vie ils n'avaient vu personne faire une si belle mort. » Le corps de Roger demeura vingt-quatre heures suspendu au gibet, sans qu'on reconnût un changement notable sur sa figure. Il fut ensuite traîné jusqu'au pont de pierre de Grenoble, d'où on le précipita dans l'Isère. Trois jours après, on le retrouva sur un gravier. « Voilà la fin de cet illustre confesseur de Dieu, » disent les prisonniers de Grenoble dans la relation qu'ils dressèrent de sa mort. « Il a combattu, il a vaincu, il jouit du fruit de sa victoire. » « Telle a été, » dit à son tour Vouland, « la fin de ce bienheureux serviteur de Dieu, dont je n'entreprendrai point de faire l'éloge ; son seul nom le fait. » Nous aimons enfin à compléter ces détails par quelques lignes d'Antoine Court, l'ami de Roger (1) : « Les protestants du Dauphiné viennent de

(1) Lettre à M. Gervais du 1er juin 1745.

perdre encore celui qui, par ses longs services, sa piété si distinguée, ses travaux et son
zèle sans exemple, avait été un instrument dont
Dieu s'était servi pour relever les débris des
Eglises de cette province, le digne et illustre
Roger, que tous ses peuples regardaient avec
la plus grande vénération, qu'ils considéraient
comme leur patriarche, qui, sans s'alarmer des
dangers continuels qu'il courait, des fatigues
au-dessus des forces humaines qu'il éprouvait,
après avoir été trahi, arrêté et conduit dans les
prisons de Grenoble, vient de finir sa glorieuse
carrière sur un gibet. Il était parvenu dans un
âge avancé, sans que son zèle se fût jamais refroidi. »

XVII

Quelles étaient les idées religieuses et théologiques de Roger ? On a pu déjà s'en faire une
idée par sa conduite ou sa correspondance ;
mais un recueil manuscrit, écrit tout entier de
sa main, va nous aider à résoudre, d'une manière plus complète encore, cette intéressante
question. C'est un cahier relié en parchemin, de
dix-sept centimètres de long sur douze de large,
et qui a trois centimètres d'épaisseur. Il ne contient pas moins de quatre-cent trente-deux pages ; mais, sur ce nombre, cent quatre-vingt-
dix sont entièrement blanches et beaucoup
d'autres ne renferment que quelques lignes. Il
est resté longtemps caché dans le jardin de la
maison Roger, à Boissières, en compagnie des

vres liturgiques du prédicateur sous la croix, qui ont péri par suite de dégradations considérables subies dans leur cachette. Plus heureuse, la précieuse relique dont nous parlons a été préservée de l'humidité et de la destruction par sa forte enveloppe de parchemin, endommagée, il est vrai, par endroit. Elle nous a été communiquée, avec beaucoup d'obligeance, par Mme Louis Roger, de Lausanne, veuve d'un pasteur plein de mérite et de piété qui appartenait à la famille du martyr et qui est mort récemment dans cette ville. C'est moins un journal de la vie si agitée du pasteur dauphinois, qu'un recueil de pensées diverses, dans lequel il a déposé ses réflexions sur tous les sujets qui préoccupaient son esprit : dogmatique, controverse, théologie pastorale, cure d'âme, histoire de l'Eglise, morale chrétienne. Quelquefois on y rencontre comme les esquisses de quelques-unes de ses prédications. Ces pages nous révèlent un disciple austère de Calvin, un réformé de la vieille trempe aux convictions inébranlables, uniquement préoccupé de l'honneur de Dieu et de l'avancement de son règne, et que le souffle du siècle n'a pas atteint.

S'agit-il du dogme central des Ecritures, l'expiation ? Voici comment Roger parle du sacrifice de Jésus-Christ :

« La première chose qu'il importe de poser, dans le système de l'Evangile, pour la rédemption du genre humain, c'est la personne du Rédempteur, qui est, selon l'Ecriture, tout à la fois vrai Dieu et vrai homme.

» Dans la nature même des choses, il était convenable, ou plutôt nécessaire, que le Rédempteur du genre humain fût véritablement homme lui-même.

» La seconde chose qu'il faut considérer dans la personne de notre Rédempteur est ce qu'il a fait pour notre salut.

» Son innocence a été parfaite. Cette innocence, si brillante et si pure du Sauveur du genre humain, était absolument nécessaire, tant pour suppléer par son mérite à celui qui nous manque que pour en communiquer à son sacrifice.

» C'est évidemment par sa mort que Jésus nons a rachetés de la mort éternelle, en y faisant l'expiation du péché commis par Adam et des péchés actuels et personnels de tous les hommes.

» L'idée que l'Ecriture sainte nous donne de la mort de notre Rédempteur est celle d'un sacrifice propitiatoire où la victime innocente, substituée au coupable, en souffre la peine et satisfait pour nous à la justice divine.

» La mort de notre divin Sauveur, expirant sur la croix, porte tous les traits d'un sacrifice propitiatoire et ne peut même être absolument autre chose, car elle est en lui : 1° incontestablement une peine, et 2° une peine qu'il doit subir pour d'autres.

» La mort et les souffrances que Jésus a endurées à la place des pécheurs est ce qui constitue, selon l'Ecriture sainte, un vrai sacrifice propitiatoire. L'efficace de ce sacrifice a été scellée par la résurrection du Sauveur. Par son ascension, Jésus a mis la dernière main à la perfection de son sacerdoce et à celle de notre salut. » Ces différents points sont appuyés de nombreuses citations, que nous n'avons pas cru devoir reproduire, mais qui dénotent, chez Roger, une connaissance approfondie de l'Ecriture.

Dans un autre endroit il s'exprime en ces termes sur le même sujet : « Toute l'Ecriture sainte fait regarder l'amour de Jésus-Christ comme un véritable sacrifice. C'est pour cela qu'il est appelé sacrificateur et qu'il est dit qu'il est la propitiation pour nos péchés. qu'il a mis son âme pour oblation pour les péchés, qu'il s'est offert par l'Esprit éternel, qu'il a été fait péché et malédiction pour nous, qu'il a porté nos péchés en son corps sur le bois, qu'il a donné sa vie en rançon pour plusieurs : expressions qui marquent toutes un véritable sacrifice, dont le fruit a été d'expier nos fautes et d'apaiser la divinité envers nous en souffran à notre place les peines que nous avions méri-tées. »

S'agit-il de la foi ? « Elle regarde, nous di Roger, directement Jésus-Christ comme en étant le premier et principal objet.

» 1° Elle embrasse les trois charges de Jé-sus-Christ. Elle le reçoit comme un docteur céleste; elle croit en lui comme à un prophète envoyé de la part de Dieu pour instruire les hommes et les conduire à une éternelle féli-cité ;

» 2° Elle croit Jésus-Christ comme sacrifica-teur qui a obtenu pour tous les vrais fidèles, par la vertu de sa mort et de son sacrifice, la rémission de leurs péchés et une vie éternelle dans le ciel. Elle croit aussi qu'il est notre Sauveur, que c'est sur lui que reposent toutes nos espérances, que c'est par lui que nous pou-vons obtenir le Saint-Esprit, qu'il nous a pro-mis, et dont nous avons besoin pour accomplir les conditions que Dieu exige de notre part.

» 3° Elle croit en Jésus-Christ comme roi, dont tous les préceptes qui sont émanés de lui ont force de loi par rapport à nous, et que nous

sommes obligés de nous y soumettre : 1° parce
que les récompenses promises et les menaces
dénoncées s'étendent à toute l'éternité ; 2° parce
que lui-même, qui a donné la loi, sera le dispensateur des peines et de récompenses, en
qualité de Juge du monde.

» Telle étant la nature de la foi, il découle
que son effet nécessaire est de régler nos
mœurs sur notre croyance et de conformer notre vie à une doctrine de la vérité de laquelle
nous sommes persuadés. »

S'agit-il du Saint-Esprit ? Voici les réflexions
qu'il inspire à notre auteur :

« Le Saint-Esprit habite dans les fidèles par
une présence de vertu et d'efficace surnaturelles. Nous connaissons que l'Esprit de Dieu
habite en nous : 1° quand il agit en maître ;
2° quand ses ordres sont observés ; 3° quand
nous observons ses commandements ; 4° quand
nous employons nos membres pour être des
organes de justice à Dieu ; 5° quand nous donnons à chaque chose le rang qu'elle doit avoir ;
6° quand l'amour de Dieu tient le premier rang
en nos cœurs. (2 Cor., III, 18 ; 1 Cor., III,
16.)

» L'Esprit de Dieu habite en nous, quand
nos pensées, nos désirs, nos affections sont
soumis à sa direction et à ses lois, que nos

pensées se rapportent à Dieu, qu'il est l'obje
de notre méditation.

» L'Esprit de Dieu est en nous quand sa pai
remplit nos cœurs et nos sens, quand il y ré
pand la certitude de l'amour de Dieu, quanc
il nous remplit de toute plénitude de Dieu, e
sorte que nous puisons de cette plénitude e
grâce pour grâce. (Galates IV, 6. Rom., VIII
15. 1 Jean, II, 27. 1 Pierre, IV, 14.) »

S'agit-il enfin de la prière? « Elle est, nou
dit Roger, une sainte familiarité avec Dieu
une union sacrée de l'homme avec lui. C'es
dans la prière que Dieu se communique à ceu
qu'il aime, qu'il leur parle cœur à cœur, qu'i
les comble de ses grâces, qu'il n'a rien de ré-
servé pour eux et qu'il prend plaisir à leu
faire ressentir, par des effusions ineffables de
sa confiance et de son amour, l'effet et l'accomplissement de ces paroles de l'Ecriture :
Mes délices sont d'être avec les enfants des
hommes. (Prov. VIII, v. 31.) »

On le voit, ces citations, comme tant d'autres
que nous pourrions faire encore, nous montrent
la conformité parfaite de Roger avec les réformateurs, sur les points principaux de la doctrine comme de la morale chrétienne.

Il en est de même pour la discipline ecclésiastique. On sait avec quel zèle il avait contri-

bué à la relever, estimant avec raison qu'elle est indispensable au développement de la vie religieuse de l'Eglise. Il est naturel qu'il aborde, dans le recueil de ses pensées, ce sujet important qui fit l'objet de ses constantes préoccupations pendant tout le cours de son long ministère. Il le fait en ces termes :

» La discipline est un ordre qui a Dieu pour auteur. On en trouve l'établissement dans l'Ecriture sainte et dans les lois de Jésus-Christ et des apôtres (Voy. Matth., XVIII, v. 15, 16, 17. 1 Epître aux Cor., ch. V. 2 Thess., ch. III, v. 6 et 14. 1 Epître à Tim., ch. V; ch. I, v. 20. 2 Epître à Tim., ch. III, v. 5. Epître à Tite, ch. III, v. 10). Par ces passages on voit : 1º que la discipline est instituée de Dieu; 2º que l'exercice de cette discipline est commis aux pasteurs; 3º que les pécheurs scandaleux ne doivent point être tolérés dans l'Eglise; 4º que les particuliers doivent s'abstenir de leur commerce; 5º que les conducteurs de l'Eglise sont obligés de procéder contre eux par des censures particulières et publiques, et même par l'excommunication.

» La nature même de la discipline en prouve l'utilité et la nécessité.

» 1º L'honneur de la religion et l'avancement du règne de Jésus-Christ demandent qu'il y ait de l'ordre dans l'Eglise.

» 2° La discipline est un moyen très efficace pour procurer la conversion des pécheurs ;

» 3° La discipline a son usage envers le général de l'Eglise. Plusieurs qui auraient du penchant au mal sont retenus par l'exemple, par la honte, par la crainte et même par la conscience. Les gens de bien en sont doublement édifiés, puisque, d'un côté, cette juste rigueur les affermit dans leur devoir, et que, de l'autre, elle répare le scandale qu'ils reçoivent des péchés d'autrui. »

Ce qu'il fallait relever en ces temps de crise, c'était l'honneur du ministère évangélique. Il avait été compromis, quand parut Roger, par les exagérations des prophètes cévenols Des femmes sans instruction, des enfants même avaient rempli la charge de ministre, et ce fut l'œuvre de Roger, de Court et de leurs collègues, de rétablir sur ce point, comme sur tous les autres, la discipline entièrement oubliée. Le manuscrit de Roger contient quelques pages sur les *devoirs des ministres*. Il dut s'inspirer de ces fortes pensées, quand il consacra au Désert Pierre Durand, Louis Ranc et ses autres compagnons d'œuvre, et l'on nous saura gré de les reproduire :

« Les pasteurs doivent faire monter sans cesse vers Dieu leurs prières pour la prospérité temporelle et spirituelle de leurs troupeaux.

» Le ministère sacré renferme tant de devoirs qui sont attachés à cette sainte vocation, tant de périls menacent ceux qui l'exercent, que ceux qui entrent dans cette carrière difficile et pénible doivent se sentir saisis d'une juste crainte et d'un religieux tremblement.

» Sitôt qu'un pasteur a été installé dans l'importante charge de conduire un troupeau, on lui impose la nécessité de soutenir ces titres magnifiques d'ambassadeur pour Christ, de messager de l'Eternel des armées, dispensateur des mystères célestes, d'ouvrier dans la maison du Seigneur, d'ouvrier avec Dieu. Il doit prendre en main la défense de toutes les vérités de la religion.

» Un pasteur doit exposer à son troupeau, dans toute leur pureté, les dogmes sublimes de la religion chrétienne, presser dans toute leur étendue les préceptes de la morale chrétienne, annoncer tout le conseil de Dieu.

» Un pasteur doit faire le sujet de ses méditations et la matière de ses discours publics, de tout ce que l'Ecriture sainte propose comme article de foi, comme obligation de pratique, comme menace, comme motif. Or, quelle étude, quelle attention, quelle précision n'exige-t-il pas pour cela ?

» Les mœurs d'un pasteur doivent être irrépréhensibles, sa vie doit être exemplaire. L'intérêt de Dieu, son intérêt propre, celui du prochain exigent qu'il se donne entièrement à la piété et à la vertu. L'intérêt de Dieu ? Car comment rendra-t-il respectables les ordres du Seigneur, s'il les viole à mesure qu'il les déclare ? Son intérêt propre, car comment espèrera-t-il avoir part un jour au bonheur éternel, s'il souille par ses vices la sainteté de son état ? L'intérêt du prochain ? Car comment persuadera-t-il ses frères de renoncer à leurs défauts, si l'on ne voit pas qu'il renonce lui-même aux siens ? Comment dirigera-t-il le troupeau de Christ, tandis qu'il vivra lui-même d'une manière déréglée ? Ou, si sa prédication produit quelque fruit, de quel front supportera-t-il le blâme de tout un peuple qui lui reprochera, avec justice, de fouler aux pieds des devoirs qu'il prescrit aux autres comme absolument nécessaires ?

» Un pasteur est chargé, en quelque sorte, du salut de tout son troupeau. Devoir terrible dont la seule idée fait frémir ! Il faut que ses soins s'étendent sur chaque individu de son troupeau, qu'il travaille à sanctifier un chacun.

Il doit étudier ses démarches pour reprendre ce en quoi elles sont blâmables. [Il faut] qu'il veille sur leurs actions pour les rappeler à la dévotion, lorsqu'il arrive qu'ils s'en éloignent, qu'il perce jusque dans leur pensée pour dissiper les illusions qu'ils se font.

» Un ministre doit avoir la fermeté de censurer le vice en quelque part et dans qui que ce soit qu'il se trouve. Si, par mollesse ou par une lâche complaisance envers des personnes qu'il aurait sujet d'ailleurs de ménager, il ferme les yeux sur leurs manquements, devant Dieu il est censé participer à leurs fautes.

» Un homme se montre-t-il publiquement libertin ou profane ? il doit aussi censurer en public ses désordres afin qu'il en ait honte. Se laisse-t-il aller à des défauts plus cachés et moins odieux ? il doit lui adresser en particulier ses admonitions. Mérite-t-il d'être repris et ne souffre-t-il pas volontiers les remontrances ? il doit, par une adresse sainte, accommoder sa censure à sa délicatesse et, sans rien ôter à la force de ses répréhensions, les lui proposer avec douceur. La division se glisse-t-elle dans les familles ? il doit tâcher d'apaiser leurs esprits aigris et de rapprocher leurs cœurs éloignés. L'inimitié règne-t-elle entre des particuliers ? il doit les disposer, autant qu'il le peut, à

la réconciliation. Voit-il des personnes affli-
gées ? il doit voler à leur secours. D'autres
sont elles malades ? il doit les affermir contre
les horreurs de la mort et ranimer leur piété par
ses exhortations. D'autres sont-ils chancelants
ou peu versés dans la connaissance de la
religion ? il doit les fortifier et les instruire.

» Un ministre, quels que soient les besoins
spirituels de son troupeau, y doit pourvoir selon ses forces. Il est responsable des péchés
qu'il commet, quand il ne l'a pas précautionné
contre les chutes, responsable de la perte de
chaque brebis, quand il aura négligé de la prévenir.

» Un pasteur a des périls incessants à craindre, des périls extérieurs et des périls intérieurs.
S'il présume tant soit peu de ses lumières, il est
en danger de mêler ses propres imaginations
à l'exposition pure et simple qu'il doit donner
de l'Evangile; en danger d'abandonner le vrai
pour le brillant, le solide pour le nouveau. S'il
a du succès, en danger de s'enorgueillir, en
danger de s'approprier une partie de cet en-
cens qu'il doit offrir tout entier à l'Etre suprême, danger de rechercher moins l'approbation du souverain Maître qui l'envoie que
celle des hommes. S'il se relâche dans les fonctions de son emploi, danger d'être surmonté

par la paresse, de faire l'œuvre du Seigneur, lâchement, d'enfouir les talents que Dieu lui a confiés. Dangers extérieurs. Le démon épie les moments d'inadvertance d'un pasteur pour soulever ses passions, pour l'endormir dans la sécurité, pour l'entraîner dans l'erreur. Les adversaires de la religion s'efforcent de le séduire par leurs subtilités et par leurs artifices. Les mauvais exemples viennent le tenter jusque dans le sanctuaire.

» Un ministre doit avoir la bouche et la plume éternellement armées contre l'impiété ; ne faire ni paix ni trève avec ceux qui font tous les jours la guerre à Dieu.

» Un ministre de l'Evangile, quand il dispute, doit se souvenir que l'Evangile est un esprit de douceur, d'humilité et de concorde ; que Jésus-Christ, qui doit être leur parfait modèle, a défendu la vérité avec son cœur, que son zèle pour la gloire de son Père a toujours été conduit par sa sagesse et par son amour et que les apôtres qu'il a envoyés, pour prêcher sa doctrine par tout le monde, et qui en ont changé la face par son assistance, abaissé l'orgueil des philosophes, détruit les idoles, érigé les trophées de la croix, ont eu le même esprit. Ils arrachaient les erreurs qu'ils voyaient naître avec une main extrêmement pitoyable. Ce n'étaient point leurs paroles qu'ils défendaient, mais celles que le Saint-Esprit leur mettait dans la bouche. Ils ne songeaient point à leur intérêt particulier. Ils ne flattaient point leurs malades, mais ils employaient des remèdes puissants pour les guérir. »

On pourrait détacher de ce recueil beaucoup d'autres pensées pleines de justesse, celle qui est relative au chant des psaumes, par exemple : « Chanter les psaumes de la bouche, c'est la moindre partie du tribut que nous devons à Dieu. L'Esprit doit en avoir l'intelligence, et le cœur les sentiments. Il faut chanter les psaumes avec beaucoup d'attention et de ferveur. » Celle qui a trait au manque de persévérance : « Si lorsque, par la grâce de Dieu, nous avons considérablement surmonté les premières difficultés de la piété, nous nous négligeons ensuite; si nous ne nous tenons pas sur nos gardes ; si, comme Samson, nous nous endormons dans le sein de Dalila, nous perdrons insensiblement notre force et nous deviendrons tout comme les autres hommes. »

Nous voudrions encore citer ce qui nous paraît être un plan de sermon sur ce texte : « Il y a beaucoup d'appelés, mais peu d'élus. » Mais ces fragments suffiront du moins à nous

donner une idée des préoccupations habituel-
les du pasteur. Nous les ferons suivre d'un
seul : il a pour sujet les *afflictions* ; et le prédicateur de l'Evangile , dont la tête était mise à
prix , pensait sans doute à lui-même, quand il
écrivait ces paroles :

« Pour encourager les hommes à souffrir
avec patience , la religion chrétienne leur met
devant les yeux un exemple qui est à la portée
de tout le monde : l'exemple d'un homme semblable à nous , qui est sensible aux moindres
souffrances et qui, néanmoins , endure les plus
grandes patiemment. Cet exemple, c'est celui
de Jésus (Héb., XII, 2).

« La religion chrétienne nous assure que
nos souffrances nous seront infiniment avanta-
geuses, que la gloire suivra nos souffrances
comme leur récompense propre, si nous souffrons pour l'amour de Dieu et pour sa cause,
ou comme une récompense de notre patience,
si nous souffrons pour quelque autre sujet ou
nous n'ayons rien à nous reprocher (2 Cor. ,
IV, 17). Puis le futur martyr , faisant un retour
sur les épreuves qu'il a déjà traversées, semble
s'encourager à supporter les nouvelles qui
se préparent, par ces belles et fortes paroles :
« Qui est-ce donc qui ne serait pas bien aise
de souffrir à ce prix-là ? Qui est-ce qui refuse-

rait de passer par plusieurs afflictions pour entrer dans le royaume de Dieu ? (Actes, XIV, 22 ;)
de souffrir quelques maux de courte durée
pour parvenir au bonheur éternel ? — L'assurance d'une félicité à venir est un puissant cor-
dial qui confortera nos cœurs et ranimera nos
esprits au jour de l'adversité, mieux que toutes
les belles sentences et les sages réflexions de
la philosophie la plus sublime. »

XVIII

Les lignes qui précèdent suffiraient, à elles
seules, pour légitimer l'étude que nous avons
consacrée au martyr du Dauphiné. Une place
d'honneur lui revient de droit dans cette gale-
rie des héros de la Réforme, où ne figurent pas
seulement de grands capitaines, des hommes
d'Etat distingués, des prédicateurs éloquents
ou de savants théologiens, mais aussi d'humbles
martyrs, des *morts inconnus* qui, dans une sphère
plus modeste, et sans que la renommée se soit
emparée de leurs noms, n'en ont pas moins
combattu dans notre pays pour le triomphe de
l'Evangile et la liberté de conscience. Roger
possédait, à un haut degré, la foi virile et le

caractère inébranlable que réclamait l'œuvre importante que Dieu lui réservait d'accomplir. Il s'y livra avec un courage indomptable qui se jouait des obstacles, une persévérance à toute épreuve pour laquelle les défaites subies n'étaient que l'occasion d'efforts plus énergiques, un amour ardent pour son Maître, que le spectacle de tant de maux ne faisait qu'enflammer encore. Les lecteurs de biographies demandent qu'on leur montre l'homme sous le personnage ; ils désirent surprendre, en quelque sorte, dans ses écrits, dans les pages détachées de son journal, ses sentiments les plus intimes. Cette tâche n'est pas facile lorsqu'il s'agit d'un chrétien comme Roger. Les temps dans lesquels il vécut étaient trop graves pour qu'il eût le loisir d'analyser ses sentiments. Sa piété, nous l'avons dit, porte encore l'austère empreinte du calvinisme, et n'a rien du mysticisme de nos jours. Elle est saintement agressive et toujours armée en guerre. Homme d'action avant tout, Roger est sobre de révélations sur lui-même. C'est une raison de plus pour relever, dans sa lettre à d'Argenson, ce passage, unique peut-être, dans lequel il se dépeint en quelques mots : « En qualité de chrétien, j'ai de l'horreur pour le mensonge ; en qualité de sujet, je respecte tout ce qui émane de l'autorité de mon souverain ; et, en qualité de pasteur, j'inspire à mes ouailles la même horreur pour tout ce qui blesse la vérité et le même respect pour l'autorité royale. » Energique et inébranlable lorsqu'il s'agissait de défendre l'honneur de Dieu, comme dit Calvin, et les intérêts de ses paroissiens toujours compromis, il témoignait à ces derniers la plus tendre affection. Ils le lui rendaient bien. « Il avait l'air si bon ! » disait de lui à sa petite-fille, octogénaire maintenant, une de ses paroissiennes de Pontaix qui le cacha souvent dans sa maison. Comme saint Paul, il avait renoncé aux joies de la famille (1), afin de se consacrer d'une manière plus complète, au service de son Maître, et d'embrasser mieux, dans son ardente sympathie, tous les membres de sa grande famille spirituelle.

Roger était d'une taille moyenne, un peu gros ; il avait les traits accentués et une physionomie énergique. Il portait perruque à la mode du temps. D'une excellente constitution, ses courses incessantes l'avaient rompu à la fatigue. Il aurait fait « cent lieues par jour, sans se lasser, » dit un de ses contemporains. Une fois pourtant, il dut s'avouer vaincu. C'était le 25 juin 1744. Il était parti de Nîmes à neuf heu-

(1) Nous n'avons, du moins, trouvé aucun indice qu'il fût marié.

res du matin, avec Court et Pradel, pour se rendre aux environs de Montpellier, où l'on avait convoqué une assemblée. Nos prédicants ne furent près de cette ville qu'à la nuit tombante, et là ils apprirent que l'assemblée se tenait deux lieues plus loin. Les trois collègues soupent ensemble ; mais Roger laisse ses deux compagnons poursuivre leur route et se rendre seuls au rendez-vous. Il est vrai qu'il avait soixante-neuf ans et qu'il venait de marcher près de douze heures par une chaleur accablante (1).

Que de fois, pendant que nous travaillions à sa biographie, notre imagination, évoquant son image, nous l'a représenté parcourant sous divers déguisements les sentiers escarpés de son pays d'adoption, tantôt à pied, le bâton du voyageur à la main, quelquefois à cheval, et les pans de son manteau rabattus sur sa figure, afin de n'être point reconnu. Il ne prête qu'une attention distraite aux sites variés et pittoresques qui s'offrent à sa vue. Des préoccupations d'une toute autre nature l'absorbent. Il s'agit d'encourager ce malade qui, n'ayant abjuré que des lèvres, refuse, à sa dernière heure, la visite du curé, au risque de se voir traiter de *relaps*, et de subir, après sa mort, le

(1) Voir Ed. Hugues, ouvrage cité, t. II, p. 139.

supplice ignominieux de la claie ; d'exhorter ce
frère mal affermi qui tremble peut-être à la pensée des persécutions qui se préparent ; de porter à cette famille, dont un membre souffre sur
les galères ou dans les prisons de la province,
les consolations de l'Evangile, ou à ce coreligionnaire dans l'indigence, l'offrande et la
sympathie de frères éloignés.

Mais à côté de ces visites pastorales, pleines d'utilité et de péril, Roger ne négligeait
pas la convocation des assemblées. Quand
l'emplacement était choisi, caverne dans les rochers, vallon solitaire à la lisière d'un bois, retraite perdue dans les montagnes, des hommes
sûrs, ordinairement les anciens, allaient avertir
les fidèles, et ceux-ci se réunissaient, à l'endroit désigné, un à un, par des sentiers détournés, pour ne pas donner l'éveil. « Des familles
entières, » dit M. Muston, « franchissaient,
parfois, de grandes distances pour s'y trouver.
On partait le soir ; on voyageait toute la nuit.
Aux abords des villages, les hommes enlevaient
leurs chaussures et marchaient pieds nus, sur
le pavé endormi, pour que le retentissement de
leurs souliers ferrés n'y trahît pas leur passage.
Les pieds de la monture, chargée de la femme
et des enfants, étaient enveloppés d'un linge
qui les rendait muets ; et la caravane, fatiguée,

mais joyeuse, arrivait tout émue au rendez-vous furtif de prière et d'édification (1). » Alors, à la clarté vacillante d'une torche de résine, le pasteur, revêtu des insignes de ses fonctions, montait dans la chaire portative du Désert. Il exhortait son auditoire à persévérer dans la foi, malgré tous les assauts de l'ennemi et, à l'issue du service qui laissait toujours des impressions salutaires dans les cœurs, il bénissait les mariages et baptisait les enfants. Parfois, il scellait par ses exhortations la réconciliation de deux ennemis, ou recevait les touchants aveux de quelque coreligionnaire qui, après avoir abjuré par crainte des tourments, et « porté la marque de la Bête, » faisait reconnaissance publique de sa faute, et était « reçu à la paix de l'Eglise. » Les jours de fête, les communiants munis d'un méreau, petite médaille en plomb, portant sur l'une des faces cette inscription : « Ne crains point, petit troupeau, » et sur l'autre, un berger sonnant du cor pour rassembler ses brebis, s'approchaient de la Table sainte ; et l'assemblée, lorsque les dragons ne fondaient pas sur elle à l'improviste, n'était souvent dissoute qu'à une heure avancée de la nuit.

Pour mettre leurs frères à l'abri de la maré-

____

(1) *Les Parfums de l'hysope, ou la Foi dans les solitudes*, p. 34.

chaussée, dont les détachements roulaient toute la nuit dans la campagne, des sentinelles veillaient sur les hauteurs. Mais que de fois leur vigilance fut mise en défaut! Que de fois le bruit de la fusillade vint interrompre le chant des psaumes ou la prière du pasteur! et les malheureux, qui ne pouvaient s'échapper à la faveur des ténèbres, comparaissaient bientôt devant le parlement de Grenoble, qui les condamnait aux galères, au bannissement, ou tout au moins à de fortes amendes, si le vent soufflait à la tolérance.

Mais quand le pasteur avait réuni pour le culte, sous la voûte du ciel, son troupeau dispersé, il n'avait accompli qu'une partie de sa tâche. Il fallait encore dresser les consistoires et les réunir, prendre part aux délibérations des synodes et en faire adopter les décisions, songer à l'instruction des enfants et les pourvoir de Bibles, de catéchismes d'Ostervald et d'autres livres de piété; et, de nouveau, mille précautions devenaient nécessaires. Alors l'imagination fertile des pasteurs leur suggérait mille expédients. Parfois, la balle sur le dos, ils se déguisaient en marchands, et quand ils parcouraient le pays, ils appelaient cela « aller de foire en foire. » C'est aussi le nom qu'ils donnaient à leurs assemblées synodales, et dans leurs lettres de convocation, ils avertissaient leurs collègues et les anciens, désignés pour en faire partie : « Que la foire se tiendrait en tel lieu et que les affaires y seraient importantes. »

L'entrée des livres protestants dans le royaume ne s'opérait point non plus sans difficulté. Ils étaient indispensables pour l'éducation de la jeunesse ou l'édification des fidèles qui n'étaient visités qu'à de longs intervalles ; mais que de soins pour les faire venir de Genève ! On les dissimulait au milieu d'autres marchandises. Une caisse de livres traversa un jour la frontière en portant cette indication : *Poix blanche et noire.* Mais souvent ces précautions étaient inutiles. Vers 1720, Dumolard, subdélégué de l'intendant du Languedoc, fit saisir à Serrières, dans le Vivarais, un ballot considérable de livres que Roger faisait venir pour ses coreligionnaires ; et en 1744, l'un d'eux, Jacques Guillot, de Menglon, fut condamné aux galères perpétuelles, par arrêt du 26 août, « pour avoir introduit dans la province des livres à l'usage de la religion. » Mais quelle que fût la surveillance des douaniers, bon nombre de Nouveaux Testaments et de Psautiers pénétraient dans les familles. C'était comme autant de prédicateurs muets qui allaient réveiller ou entretenir la foi dans les cœurs.

Au milieu des difficultés sans cesse renaissantes, qu'ils rencontraient sur leurs pas, des compensations précieuses étaient réservées aux pasteurs du Désert. Ils avaient des amis fidèles pour lesquels c'était une fête de les recevoir au foyer. Aux Vachères, chez les Moulin ; chez les Mourard, au quartier de Fay, près de Saillans ; chez Poulat, marchand à Beaumont ; au hameau du Grand-Chirac, non loin de Chabeuil, chez les Gencel, et dans bien d'autres familles encore, Roger recevait une affectueuse hospitalité. Il arrivait le soir harassé de fatigue ; mais la meilleure place lui était réservée près du foyer ; après le culte domestique, la soirée se passait en entretiens sérieux sur le malheur des temps et les espérances de l'avenir ; et si la moindre alerte était donnée, le pasteur proscrit disparaissait bientôt dans sa cachette (1).

Et puis, ces hardis lutteurs, lorsqu'ils se rencontraient à de longs intervalles, retrempaient

---

(1) M. le pasteur Sibleyras décrit ainsi, dans l'*Espérance*, août 1870, une cachette qu'il a visitée à Trescléoux, dans les Hautes-Alpes, et qu'on appelle encore la Chambre du Pasteur : « Cette chambre est disposée de manière à pouvoir s'en échapper par trois endroits différents ; la cachette est dissimulée le long d'un tuyau de cheminée ; elle a la hauteur de l'appartement sur une surface d'à peine un demi-mètre carré. On s'y introduit du galetas par une trappe, et l'on ne peut y être que debout. Une faible saillie du mur sert à s'appuyer un peu, quand les jambes sont par trop fatiguées. »

leurs forces dans les douces effusions de l'amour chrétien. On sait les paroles un peu vives qu'échangeaient parfois Court et Roger; mais ces mouvements d'humeur qu'ils duraient peu ! Que de tendresse cachée dans ces simples lignes de Roger à son ami : « N'ayant reçu la vôtre qu'environ quinze jours après qu'elle fut remise, je n'ai pu répondre plus tôt. Que si ça a été sujet de chagrin pour vous, il n'en a pas été moins pour moi de n'avoir pu vous embrasser encore une fois. Vous fûtes trop prompt à partir, et vous saviez que le temps me pressait pour m'en retourner (1). » Quelle affection toute paternelle dans les relations qu'il entretenait avec ses chers élèves : Paul Faure, Pierre Durand, Matthieu Allard, les deux Ranc et plusieurs autres dont quelques-uns devaient le précéder dans le martyre. Il leur donnait des conseils toujours suivis et toujours sûrs. Après les avoir initiés aux devoirs et aux périls du ministère évangélique, il leur en ouvrait l'entrée par l'imposition des mains; et lorsque, surpris par les ennemis de leur foi, ils souffraient dans les prisons en attendant le martyre, le vieil apôtre du Désert se trouvait encore là pour leur faire goûter, dans des let-

(1) Lettre du 1ᵉʳ novembre 1725.

tres toutes brûlantes de foi et de charité, les avant-goûts du ciel.

Or, pour accomplir, au milieu de tant d'obstacles, son ministère béni, Roger n'avait à son service aucune des connaissances théologiques, scientifiques et littéraires qui nous paraissent indispensables de nos jours. Il n'avait trouvé ni le temps ni l'occasion de les acquérir sur le banc des écoles. Les académies protestantes, qui avaient brillé d'un si vif éclat pendant tout le cours du dix-septième siècle, étaient fermées depuis longtemps. Tout au plus avait-il suivi quelques leçons de théologie à Genève, sous la direction de Bénédict Pictet, ainsi qu'à Berne, pendant le séjour qu'il y fit en 1713, et encore le manque d'études préparatoires dut les rendre peu fructueuses. Sans doute il sut consacrer à l'étude, — nous l'avons bien vu dans le chapitre précédent, — les courts instants de loisir que lui laissaient ses courses incessantes; toutefois les rares débris de sa correspondance qui sont parvenus jusqu'à nous sont loin de nous révéler un écrivain. Peu sensible aux beautés de la forme. Roger n'a pas, comme il arrive parfois à Antoine Court, des prétentions de puriste et de bel-esprit. « Je voudrais, » lui écrivait ce dernier, « que vous vous écartassiez, le moins qu'il vous serait possible, de cette manière de parler et d'écrire, qui fait le bel agrément des belles-lettres et de la conversation. On n'a pas de plaisir de parler ou d'écrire à un homme qui tantôt vous traite de pédant, qui tantôt, sans propos, vous accuse avec un air rébarbatif et sombre, de la dernière impudence. » Mais aussitôt Roger de répondre : « Je viens de recevoir la vôtre avec autant de plaisir que vous puissiez avoir des miennes ; mais je suis surpris que vous me fassiez des questions sur des mots. La suite d'un raisonnement indique assez ce qu'on pense. Je n'ai pas étudié l'étymologie, ni les autres sciences aussi sèches. Mon terme de *combinaison*, placé dans son endroit, marquait assez ce que je voulais dire. » Roger ne connaît pas mieux la rhétorique que l'étymologie. Sa phrase, un peu lourde et traînante, est surchargée d'épithètes et d'incidentes. Il s'insurge à chaque pas contre la syntaxe et l'orthographe ; mais son écriture nette et serrée révèle un caractère fortement trempé et un homme de résolution. Ses paroles sont toujours marquées au coin d'une austère piété. C'est la gloire de Dieu qu'il a toujours en vue dans ses lettres, comme dans ses discours et dans ses courses incessantes, et l'on n'en doit que mieux admirer l'œuvre si belle qu'il a conduite à bonne fin, lorsqu'on songe aux moyens si faibles en apparence dont il disposait.

Cette œuvre de restauration ne fut pas compromise par sa mort ni par la recrudescence de persécution dont elle fut le signal. Il laissait après lui soixante Eglises (1), qu'il avait pu, durant un ministère de trente-six ans, relever de leurs ruines, avec le concours de zélés collaborateurs. Ils étaient, au moment de sa mort, au nombre de cinq : Alexandre Ranc, le frère du martyr, Vouland, Rozan, Roland et Paul Faure. Ils se tinrent quelque temps en repos, pour laisser passer l'orage. Quelques-uns d'entre eux se réfugièrent même en Suisse, pour un temps, et leur nom figure sur la liste des étudiants de Lausanne ; mais ils revinrent bientôt à leur poste. « Mes associés, » écrivait Daniel Vouland à Court, le 17 octobre 1746, « persévèrent dans l'idée où ils étaient au sujet des fabriques. Ils croient que dans les circonstances, celles du Dauphiné doivent être mi-partie, et y en avoir de grandes et de petites ; que les petites doivent être établies où le bien du commerce ne peut pas permettre d'en avoir de grandes, et qu'on en doit, néanmoins, avoir de grandes, où l'avantage du commerce peut l'exiger ; que c'est aux fabricants qui sont sur les lieux à se déter-

(1) On en trouvera la liste à l'appendice IV.

miner pour les unes ou pour les autres, suivant qu'ils jugent qu'il en résultera plus ou moins davantage pour l'étendue et l'affermissement du commerce. » On surprend ici ce style figuré qu'employaient parfois les pasteurs du Désert pour dérouter les recherches. Le bien du commerce, c'est l'intérêt de la religion ; les associés de Vouland ne sont autres que ses collègues ; les grandes et les petites fabriques représentent les assemblées des protestants, et les fabricants désignent encore les pasteurs.

A la mort de Roger, la restauration de l'Eglise était donc un fait accompli. Sans doute, la persécution n'a pas dit son dernier mot. Le 2 avril de l'année suivante, les sept pasteurs ou proposants de la province : Vouland, Roland, Descours, Rozan, Dubuisson, A. Ranc et Faure, se verront condamner à mort par contumace par le parlement de Grenoble ; et beaucoup de leurs coreligionaires seront ou envoyés aux galères, ou condamnés au bannissement, ou fouettés de la main du bourreau, ou chargés de lourdes amendes ; mais ces derniers efforts d'une rage impuissante ne pourront compromettre le réveil des Eglises. Leur nombre, comme celui de leurs conducteurs, ne fera que grandir chaque jour.

Dans le synode national de 1756, cinq noms sont inscrits au rôle des pasteurs ou proposants des Eglises du Dauphiné. Au synode de 1763, leur nombre s'est augmenté de deux proposants; de plus, la province entretient deux étudiants au séminaire de Lausanne. Le corps pastoral avait dix membres en 1774. Trois ans plus tard, les actes d'un synode tenu au Désert, du 9 au 11 septembre 1777, nous montrent douze pasteurs, desservant à cette époque un nombre égal de quartiers qui comprenaient chacun plusieurs Eglises. Enfin, en 1783, c'est-à-dire quatre ans seulement avant l'édit de tolérance octroyé par Louis XVI, leur nombre s'élève à seize (1). C'est ainsi que l'œuvre si bien commencée par Jacques Roger prenait chaque jour de l'extension. L'Eglise sous la croix se tenait prête à saluer ces temps nouveaux, après lesquels elle avait longtemps soupiré, et qu'inaugura enfin la Révolution française, en inscrivant, sur la première page de sa constitution, les droits de l'homme et la liberté de conscience.

Et maintenant est-il nécessaire de faire ressortir longuement, avant de finir, les enseigne-

______

(1) *Actes du synode provincial tenu dans le Dauphiné du 30 septembre au 1er octobre 1783.* Il s'élevait à dix-neuf à la Révolution.

ments que la vie si bien remplie qui vient de nous occuper porte avec elle?

Elle nous donne tout d'abord une leçon de fidélité chrétienne. De nos jours, où l'on se plaint à bon droit de l'affaiblissement des caractères, il est bon d'apprendre, à l'école de ces chrétiens austères, qui sacrifient tout à leurs convictions, l'esprit de renoncement et de sacrifice. En face de la persécution et de la mort même, leur foi les préservait des défaillances. Comme eux aussi, s'il est vrai que le double courant de la superstition et de l'incrédulité menace de nous envahir, nous ne trouverons d'appui solide que sur le Rocher des siècles.

Soyons aussi reconnaissants. Nos pères du Désert, qui s'écriaient, dans les prières du culte domestique : « Nous sommes sans temples, mais remplis toi-même ce lieu de ta présence; nous sommes sans pasteurs, mais sois toi-même notre pasteur, » avec quels sentiments de pieuse gratitude ne rempliraient-ils pas nos lieux de culte, où du moins nous pouvons adorer Dieu en liberté! Bénissons-le pour avoir ménagé à nos Eglises ces temps de repos après l'orage, et gardons un souvenir reconnaissant à nos pères du Désert qui nous les ont préparés par leurs souffrances.

Et puis, quelles que soient les difficultés de

l'heure présente et les appréhensions de l'avenir, ayons bon courage. Un des emblèmes de l'Eglise sous la croix représentait les disciples sur une nacelle battue des flots, avec cette exergue : « Seigneur, sauve-nous, nous périssons! » Plus tard quand, grâce à l'initiative des Court et des Roger, les Eglises se relevèrent de leurs ruines, et que le culte public fut assuré, nos pères remplacèrent leur première devise par cette autre : « Sous la croix le triomphe! » Nous aussi, malgré les difficultés et les périls qui nous environnent, ne craignons rien. Bien d'autres orages ont fondu sur l'Eglise, mais ce noble vaisseau cingle toujours vers le port, car Jésus est au gouvernail. Répétons donc, avec une calme assurance, cette invocation qui soutint nos pères pendant les trois siècles de leur martyre, et qui renferme encore pour nous, chrétiens du dix-neuvième siècle, le secret de la victoire :

> Ton courroux veut-il nous éteindre.
> Nous nous retirons dans ton sein.
> De nous exterminer formes-tu le dessein,
> Nous formons celui de te craindre.
> Malgré nos maux, malgré la mort,
> Nous bénirons les traits que ta main nous apprête :
> Ce sont les coups de la tempête.
> Mais ils nous ramènent au port.

APPENDICES

.

I

(Voir page 47)

Ces articles du Synode du 22 août 1716 se trouvent dans Charles
Coquerel (ouv. cité, t. I, p. 32-36).

1. On lira, à l'exemple de l'Eglise réformée de Genève, les commandements de Dieu avant la prédication.

2. On fera réciter le catéchisme après la prédication,
en expliquant ce qui peut s'y trouver de moins clair.

3. Les pères de famille seront exhortés à faire trois
fois par jour la prière en commun avec leurs enfants et
leurs domestiques, et à la faire réciter tour à tour par
les personnes de la maison, afin de les porter à ce saint
exercice avec plus de diligence.

4. On doit destiner au moins deux heures à la dévotion du dimanche, à laquelle tous ceux de la maison
doivent se rendre.

5. On doit reprendre en public, après la première,
la deuxième et la troisième admonition, tous ceux qui
commettent des crimes noirs et scandaleux.

6. On ne doit pas appeler les fidèles d'un mandement dans les assemblées qui sont convoquées dans un autre mandement.

7. On doit écouter la parole de Dieu comme la seule règle de notre foi, et, en même temps, refuser toute prétendue révélation dans laquelle nous n'avons rien qui puisse soutenir notre foi ; et, à cause des grands scandales qui sont arrivés de notre temps, les pasteurs sont obligés d'y veiller avec soin.

8. Les pasteurs, ayant l'approbation des anciens, doivent faire toutes les fonctions de leur charge : prêcher, administrer les sacrements et bénir les mariages.

9. On doit veiller sur la conduite des pasteurs, et, s'ils commettent quelque crime qui soit en scandale à leurs frères ou à l'Eglise, ils doivent être démis de leur charge pour quelque temps, à moins que celui qui serait tombé dans quelque faute n'en témoignât un repentir sincère.

10. Les pasteurs, étant arrivés à un lieu, doivent s'informer des vices les plus communs et les plus éminents pour y apporter toutes sortes de remèdes, afin d'en interrompre le cours.

11. Les pasteurs doivent se rassembler de six en six mois, pour voir si tous ont soin de visiter les malades, d'ordonner les collectes pour les secourir, en un mot s'ils ont rempli le devoir de leur charge sans reproche.

12. S'il arrive quelque cas qui demande une assemblée, avant les six mois, pour décider quelque chose, comme pour appliquer quelque censure à quelque pasteur ou à quelque troupeau, ou pour quelque autre cas survenu, trois pasteurs avec quelques anciens se pourront assembler en quelque colloque pour cela.

13. Enfin les anciens exhorteront les fidèles d'avoir soin de tous les pasteurs que la divine Providence leur enverra, tant pour leur sûreté que pour leur entretien.

II

(Voir page 94)

Nous avons retrouvé, dans un registre du temps conservé à Lavoulte, les actes du Synode du 21 juin 1725, dans lequel fut conclue une alliance étroite entre les Eglises du Languedoc, des Cévennes et du Dauphiné. Ce document, qui est inédit, renferme bien des particularités intéressantes sur la marche des Eglises sous la croix ; c'est à ce titre que nous le publions.

« Le 21e juin 1725, assemblés en sinode général, un pasteur, sept proposans et quarante-cinq anciens, tant des Eglises de la Boutière que de l'haut Vivarés et montagne ; après avoir imploré le secours de Dieu et les lumières de son Saint-Esprit, a esté résolu ce qui sensuit :

» 1. Après avoir examiné la sommation sinodale des Eglises du Languedoc et Cévènes du 1er mai 1725, elle a esté receue d'un commun consantement, comme un effet de leur charité sans y recognoitre aucune prééminence d'Eglise.

» 2. Nous avons signé leurs règlemens pour marque d'aprobation en recevant les articles qu'on a cru néces-

saires pour le temps et les lieux, et, si le cas y escheoit,
les autres pouront servir de reigles, et avons décidé
que, pour marque d'union, le député promet de signer
nos règlemens en quallité de député et au nom des sinodes et Eglises qui lui ont donné commission.

» 3. Qu'une formulle de serement ne doit point estre
receue, pour esviter le parjure et l'obstacle que cela
pouroit aporter à l'union des protestans, mais que, pour
lier les schismatiques et les hérétiques, on pourra exiger
des promesses particullières, et que, si on jugeoit à propos d'establir une formulle, elle se fera d'un commun
consantement en taschant d'esviter toute sorte d'incon-
véniens, et que, pour les raisons de cest article, on es-
crira au nom du présent sinode au sinode du Languedoc et Cevènes, aussi bien que pour tesmoigner la
recognoissance de leurs soins charitables envers nous
et la sattisfaction du choix de leur députté.

» 4. Que pour marque d'union, les Eglises sinodales
soumises à l'ordre seront obligées de se secourir réciproquement, selon qu'il sera besoin : ou de pasteurs,
proposans et argent pour les rellèvements des maisons
que la persécution pouroit abattre, ou pour aider aux
pauvres et prisonniers qu'elle pourroit faire.

» 5. Que pour les secours réciprocques des Eglises
soumises à l'ordre, on establira des fonds, et que les
sinodes donneront commission aux anciens de lever des
colectes pour cest effet, et que si l'on recevoit des nouvelles des besoins advenus et qu'il ni eüt pas encore de
fonds, ou que le fonds ne puisse suffire, les anciens
procèderont incessamment à des collectes pour ce sujet, et que le sinode deffandra à toute personne de lever des collectes que par ses ordres ou par ordre d'un
colocque, et que si quelqu'un l'entreprend il sera pour-

suivi par les voies ecclésiastiques, et, afin que personne n'en prétende cause d'ignorance, les anciens en advertiront les particulliers, et que si les occurances du temps le permettoient et qu'on le jugeât nécessaire, les corps sinodaux, conformes aux règlemens, pouront s'envoyer réciproquement des députés qui seront reçeus avec l'honneur et le respect, et que pour cest effet on sera obligé de s'entre advertir, réciproquement et à temps, des convocquations sinodales.

» 6. Que le député auprès des puissances protestantes sera nommé de tous les corps sinodaux, et agira en leurs noms et par leur ordre, et que, s'il en a besoin, tous les corps sinodaux contribueront à son entretien. Monsieur Benjamin Duplan, gentilhomme, a esté à ce sujet nommé.

» 7. Que l'adjoint que notre sinode accorde au député du Languedoc envers le Dauphiné sera muni de l'hautorité sinodale et d'une sommation et d'un témoignage, ou bien le sinode le joindra à la députtation et sommation descrite. Le sieur Bernard a esté nommé à ce sujet.

» 8. Que pour l'entretien du ministère et ramplir les sommes adjugées ou qui pouroient encore s'adjuger, les anciens seront obligés de ce taxer premièrement eux-mêmes et ensuite sommer les particuliers de ce taxer selon leurs moïens ou qu'on les taxera, et que s'ils ne ramplissent pas leurs taxes, seront privés des assemblées.

» 9. Que, à cause du besoin présant des Eglises, la vénérable compagnie du sinode a jugé à propos de donner vocation au sieur Bernard et au sieur Durand d'administrer les saints sacrements ; et sur les formallités que l'on doit observer à leurs examens et impositions,

le sieur Roger a été nommé examinateur en présence
les proposans et six anciens, et qu'ils seront obligés
de randre une proposition, et leur réception et imposition se fera, présence toute l'Eglise.

» 10. Que les gens dorénavant se garderont de courir sans être advertis par les anciens, et que les anciens n'advertiront point sans avoir la parole de celui
qui doit prescher, et que nul ne pourra faire assambler
sans le consantement des anciens.

» 11. Que cest article ayant esté dressé pour arres-
ter les coureurs, il sera couché dans tous les articles
sinodaux, savoir qu'aucun corps sinodal ne recevra personne qui vienne de devers un autre, sans estre muni
de bons témoignages, et que si quelqu'un s'estoit rendu
infrataire envers l'un de ces corps sinodaux, il ne
poura estre receu que par ce mesme corps ou par son
advis.

» 12. Que le sieur Martel, dit La Tour, et le sieur
Dortial n'ayant point comparu en sinode ni respondu à
des lettres écrites de notre part par le sieur Roger, le
sinode confirme le résultat du sinode précédent, et que,
à l'esgard des Eglises, qui ont favorisé et qui favorisent
pour la prédication Monteil déposé et excommunié par
nos précédents sinodes, notre présent sinode les déclare schismatiques et les prive de la communion, dé-
fandant à tous pasteurs, proposans et anciens de les
recevoir à la communion lorsqu'ils les recognoitront,
aussi bien que les lieux et particuliers qui pouroient entretenir les perturbateurs et qu'ils ne pouront y être
reçeus sans une repentance préalable.

» 13. Que pour la propagation de l'Evangile, les
pasteurs, proposans et anciens et autres seront obligés
de s'informer des lieux voisins et esloignés qui n'ont pas

esté appellés, s'il y a des personnes et des familles auxquelles l'on se puisse fier, et ils agiront de tout leur pouvoir, de vive voix ou par escrit, en prenant garde de ne chosquer personne, et que dès que l'on recognoitra d'y pouvoir convocquer des assemblées, les pasteurs ou proposans et, s'il est besoin, quelques anciens, seront obligés de s'i transporter pour cet effet et d'i faire recevoir les règlements.

» 14. Que pour esviter tout soupçon et abus à l'esgard des deniers des pauvres ou des collectes, on establira des bourciers et secrétaires pour examiner à qui cest argent doit estre distribué.

» 15. Qu'il faut observer l'article du sinode du 26 juillet 1721, qui contient que ceux qui font batiser leurs enfants, bénir leurs mariages en l'Eglise romaine, et qui retournent dans nos saintes assemblées, les anciens en doivent advertir les pasteurs ou proposans, afin qu'ils soient censurez devant l'assemblée, comme dit saint Paul à Timothée : « Repren publiquement ceux qui pèchent, afin que les autres en aient crainte, » et privés de la communion jusqu'à ce qu'ils tesmoignent une préalable repantance, et ceux qui les accompagnent censurez par un pasteur ou ancien.

» 16. Qu'à l'esgard des aumônes que les fidelles donnent par leur testament aux pauvres, elles seront remises avant la mort du testateur entre les mains de celui qui a la bource des pauvres de l'Eglise de l'endroit du testateur, et cela pour nous conformer à la pratique de nos anciennes Eglises de France et de leur discipline ecclésiastique, chap. X, article 5, et pour oster toute fausse opinion et superstition.

» 17. Que les fidelles qui viendront à estre arestés, soit en allant ou en s'en retournant des assemblées de piété, par leur imprudence et pour s'estre conduits avec témérité, seront déclarés indignes de tout secours. Au contraire, s'il arrivait que plusieurs fidelles, qui se sont conduits avec cette prudence que l'Evangile demande, viennent à estre néanmoins arestés par un effet d'une providence toujours sage et toujours adorable, ils seront pris sous la protection de toutes les Eglises ; seront chargés tous les pasteurs, les anciens et les troupeaux de les assister et de leur fournir, autant que faire se pourra, leur nécessaire et celui de leurs familles, si elles se trouvent dans la misère à leur occasion.

» 18. Qu'il sera laissé à la liberté des prédicateurs de prêcher des sermons de bons auteurs et qu'ils auront apris par mémoire.

» 19. Que s'il y en a qui aiment mieux en composer eux-mesmes, ne pouront après les avoir composés les exposer qu'ils n'aient premièrement esté examinés par les commissaires à ce sujet nommés.

» 20. Sur la proposition qui a esté faite de quelle manière doivent se conduire les fidelles qui viennent à estre arestés par les ennemis à l'occasion des assemblées, sur les interrogations qui peuvent à eux être faites à ce sujet, la compagnie a décidé que si ceux qui les interogeront sont de simples particuliers qui n'en aient aucun ordre de la part du Roi, il ne leur sera rien répondu ; au contraire, que si c'est un magistrat ou plusieurs, représentant la personne du Roi, qui le fassent, on sera obligé de leur déclarer la vérité en ce qui regarde le particulier et tout ce qui tend à la gloire de Dieu et à l'eddification de son Eglise, mais que sur tout ce qui ne tend pas à ce but, on gardera un profond silence, n'estant pas obligé ni par les loix naturelles, ni par celles de l'Evangile, de réveller ce qui peut être préjudiciable à nos frères, lorsque d'ailleurs ce qu'on révellerait ne sauroit contribuer ni à la gloire de Dieu, ni à l'édification de l'Evangile, ni au bien ni à la tranquillité de l'Estat. Que si quelqu'un étoit assez faible ou meschant que de cacher le moindre des articles qui pouroient contribuer à ce but sera déclaré, pour ce qui regarde l'Eglise, traitre et apostat, et, pour ce qui regarde l'Estat, rebelle et séditieux et comme tels poursuivis par toutes voies ecclésiastiques.

» 21. Que ne pouvant prendre assés de précautions pour la conservation des assemblées, les anciens seront obligés, outre les sentinelles qu'on pose autour des assemblées, d'en laisser dans les villes ou villages où il y a garnison et qui peuvent estre à la portée du lieu où l'assemblée sera convoquée.

» 22. Que sur les plaintes qui ont esté faites qu'à l'occasion de certaines personnes qui se glissoient dans les sinodes, sans estre appelées, étoit arrivé de la confusion et du domage, il est défandu de n'en plus laisser entrer aucune qui ne soit munie d'une commission autentique et avérée et que, générallement, tous ceux qui viendront à y paroître sans une semblable commission seront renvoiés.

» 23. Que tant les anciens que les pères et mères seront obligez de veiller sur la conduite des jeunes gens, les pères sur les enfants qui leur appartiennent et les anciens sur tous ceux qui sont soumis à leurs inspections et à leur vigillance, pour les destourner de ce qu'on appelle faire l'amour et cela afin de prévenir les grands désordres et scandalles qui en arrivent.

» 24. Que les dances seront réprimées, et ceux surtout qui font estat de dancer ou d'assister aux dances voctives, après avoir esté admonestés plusieurs fois, se-

ront excommuniés quand il y aura opiniastreté ou re-
bellion, et sont chargés tous les consistoires de bien
pratiquer cest article, en faire lecture publique, au nom
de Dieu et en l'hautorité du sinode, et aux coloques
de bien prandre garde aux consistoires qui ne feront
devoir de les censurer.

» 25. Que les procès meüs ou à mouvoir seront ba-
nis autant que faire se poura du millieu des fidelles et
les anciens obligés de proposer une voie d'accomode-
ment à tous ceux qui sont dans les lieux de leurs inspections ; que si l'une des parties refuse d'accepter
une voie si conforme à l'Evangile, et cela sans des raisons fortes et légitimes, et persévère à vouloir opinias-
trement ou par chicanerie plaider, sera suspendu de la
sainte cène et ne pourra y estre admis que premièrement il ne renonce à cest esprit de chicane et qu'il n'ait
marqué par de preuves authentiques qu'il a une véritable douleur de s'estre rebellé à l'ordre et d'avoir scan-
dallisé, par sa conduite avare ou chicaneuse, l'Eglise du
Seigneur.

» Signé : Roger, modérateur. Durand, modérateur
adjoint. Faure. Guillot. Chabrières. Fauriel. Bernard,
secrétaire.

» En qualité de député et au nom des Esglises du
Languedoc et Cévènes, je soubscrits les présents rè-
ments.

» ROUVIÈRE. »

III

COMPLAINTE SUR LOUIS RANC.

(Voir page 211).

Venez, tout chrétien fidèle,
    Plein de zèle,
Et pleurez amèrement
Sur la mort triste et cruelle
    D'un fidèle,
Sur la mort de monsieur Ranc.

A Livron, sur la grand'route,
    Fut sans doute
Arrêté par des soldats;
Avec la maréchaussée
    Elevée
On le saisit sans égard.

On le conduit à Valence,
    En diligence,
Pour le mettre en la prison
De cette ville meurtrière;
    Il faut croire
Qu'il faisait compassion.

Arrivé près de la porte,
    Avec l'escorte,
La porte de la prison,
Il leur dit : Laissez-moi faire

        Ma prière
Au Dieu qui règne en Sion.

Quand sa prière fut faite,
        On s'apprête
Pour le renfermer dedans;
Même l'on double la garde
        Qui regarde
Où l'on mettait monsieur Ranc.

On le traduit dans la suite,
        Au plus vite,
A Grenoble, en parlement.
Les messieurs de la justice,
        — Injustice! —
Vont faire son jugement.

Aussitôt on l'interroge :
        On déroge
A l'honneur de monsieur Ranc.
— Êtes-vous de cette bande,
        On vous demande,
Qu'on appelle prédicants?

— J'ai été reçu ministre,
        Qui consiste
A dire la vérité.
Oui, j'ai prêché l'Evangile,
        Loin des villes,
A ceux que j'ai rencontrés.

— Vous faisiez des mariages,
        En votre âge,
Et baptisiez des enfants.
Vous avez donné la cène.
        Pour la peine
Signez-la de votre sang.

— Je sens une joie extrême
        En moi-même.
Cela m'est un grand honneur

De pouvoir suivre la trace,
          Avec la grâce,
De mon divin Rédempteur.

— Vous passiez les ordonnances
          Des puissances,
Sachant qu'il est défendu
De prêcher dedans la France.
          Leur sentence
S'ils sont pris d'être pendus.

— Jésus-Christ, mon divin Frère,
          Et vrai Maître,
Nous a tracé le chemin.
Nous promet une vie nouvelle,
          Eternelle,
Qui n'aura jamais de fin.

— Pour vous éviter la peine
          De la cène,
Il faut donner votre seing.
Lui, plus ferme qu'une roche,
          Il s'approche;
Aussitôt coucha son seing.

On voit peint sur son visage
          Un courage
Qui étonna ces messieurs.
En posant sa signature,
          Sa main sûre
Ne changea point de couleur.

De son air doux et affable,
          Agréable,
Il leur dit à haute voix :
J'ai passé les ordonnances
          Des puissances,
Mais servi le Roi des rois.

Nous lisons dans l'Ecriture,
          Sainte et pure,

Ce qu'il faut dire aux adieux ;
Comme nous le fait entendre,
    Et comprendre,
Jésus-Christ en saint Matthieu.

On lui a lu la sentence,
    En sa présence,
Comme il doit être pendu ;
Avoir la tête tranchée,
    Exposée,
Faisant ce qui est défendu.

— Jésus-Christ et ses apôtres,
    Et tant d'autres,
Ont bien souffert le martyre.
Oh ! que mon sort est aimable,
    Estimable.
Je suis content de mourir !

Puis donc qu'il faut que je meure
    A cette heure,
Je vais faire mes adieux.
Je vais avoir en partage
    L'héritage,
Dans le royaume des cieux.

Je prie Dieu, mon cher Père,
    Pour mes frères
Qui sont dedans le pays,
De ne point perdre courage,
    Parmi la rage,
Car c'est Dieu qui l'a permis.

On commande des gens d'armes,
    Faits aux armes,
Pour aller en sûreté,
Pour le conduire où sa vie,
    Où sa vie
Devait être exécutée.

On le ramène à Valence,
    En diligence,

Pour prendre la garnison ;
On prend la maréchaussée,
    Assurée,
Pour le sortir de prison.

Mais tout le long de la route,
    Fut sans doute
Conduit très exactement ;
Pour exécuter les ordres
    On s'accorde
De messieurs du parlement.

C'est à Crest qu'on se repose,
    Pour la cause
D'avoir un nouveau renfort,
Croyant que la populace
    S'élevasse
Et qu'on leur ôtât le corps.

Avec grande hardiesse
    On s'apprête
Pour conduire monsieur Ranc.
Chaque soldat prend son poste
    Droit à Aouste :
On arrive à Saillans.

Aux fusils la baïonnette,
    On s'apprête
Pour aller un peu plus loin.
A Pontaix se rafraîchissent,
    A leur guise,
De ce qu'ils ont de besoin.

De là sont venus à Die,
    En furie,
Faire dresser son poteau.
Monsieur Ranc dit les louanges
    Des saints anges,
En levant les yeux en haut.

Les gens d'église sans cesse
    Qui le pressent

A changer de religion.
Non, dit-il, sans plus attendre,
        Faut se rendre
Et répondre à la question.

Quoique je sois un jeune homme
        Rien m'étonne,
Car je sais en qui j'ai cru.
C'est à mon Dieu que j'adore
        Et honore,
C'est l'auteur de mon salut.

— Quittez votre loi, mon frère.
        Car j'espère
Que vous serez bienheureux.
Les saints tireront votre âme
        De la flamme,
La porteront dans les cieux.

— Je n'adresse pas mes plaintes
        A vos saintes,
Mais au divin Rédempteur.
Jésus-Christ, le roi de gloire,
        Salutaire,
Me rendra plus que vainqueur.

— Tous les plus grands de la France,
        En assurance,
Ils sont de notre côté.
Les plus avancés des vôtres
        Sont des nôtres,
Ayant connu la vérité.

— Les uns pour avoir des charges
        Et surcharges,
Pour être dans les emplois,
Pour sauver leurs biens, leur vie,
        En cette vie,
Ont quitté le Roi des rois.

— Monsieur, votre heure s'approche,
        Qui reproche

De mourir dans cette erreur.
Croyez-moi, vous aurez grâce,
     Une place,
Nous vous ferons grand prieur.

— Ce discours insupportable
     Qui m'accable,
Mon pauvre corps fait languir ;
Ma peine bientôt finie,
     En cette vie,
Me conduit en paradis.

Lorsqu'il fut près de l'échelle,
     Ce fidèle
D'abord se mit à genoux.
Il adresse sa prière
     A Dieu son Père,
A Jésus-Christ son époux :

Grand Dieu, montre-moi ta face,
     Que ta grâce
Me soulage en tous mes maux !
Fais, Seigneur, que ta parole
     Me console
Dans l'excès de mes travaux.

Tes tendresses paternelles
     Des fidèles
Te font toujours prendre soin.
Hâte, ô Dieu, ton assistance ;
     Ma souffrance
D'un prompt secours a besoin (1).

Seigneur, entends ma demande ;
     Je demande
T'invoquer dans ces moments.
Puisque chacun me délaisse
     Dans l'angoisse,
Au milieu de mes tourments.

(1) Ces deux dernières strophes sont tirées du psaume XXXVIII.

Les tambours battent sans cesse.
         Et sans cesse,
Pour détourner monsieur Ranc.
Ne veulent lui laisser faire
         Sa prière,
Sans crainte du Tout-Puissant.

Le bourreau de grande rage
         Eut le courage
De faire mourir l'innocent,
Lui faisant monter l'échelle.
         Mort cruelle,
Trempa les mains dans son sang.

D'abord il coupa sa tête,
         Puis s'apprête
A le prendre par les pieds.
Il le traîne par la rue;
         A la vue
Cela faisait grand pitié.

Cher martyr, on peut bien dire,
         On admire
Ta sagesse et ta douceur.
Tu as quitté la misère
         De la terre,
En triomphant et vainqueur.

Tu as fini ta carrière,
         En prière,
Tes peines et tes travaux,
Laissant ton corps de poussière
         A la terre,
Pour aller dedans les cieux.

Tu es dans la compagnie
         Infinie
De tous les gens bienheureux.
Tu jouis de la victoire
         Dans la gloire,
Pour toujours dedans les cieux.

IV

(Voir page 263)

Nous donnons ici la liste des Eglises du Dauphiné que Roger et ses compagnons d'œuvre relevèrent de leurs ruines. Elle fut dressée peu de temps avant la mort du martyr, en 1744, et se trouve dans l'ouvrage de M. Edmond Hugues (t. II, p. 156). Nous avons corrigé quelques noms mal transcrits et indiqué les départements dont font maintenant partie ces localités. La plupart sont encore des chefs-lieux ou annexes de paroisses. On voit que la Drôme seule en renferme quarante-neuf.

1. Nyons (Drôme).
2. Vinsobres (id.).
3. Taulignan (id.).
4. Venterol (id.).
5. Luc-en-Diois (id.).
6. Dieulefit (id.).
7. Montjoux (id.).
8. Vesc (id.).
9. Crupies (id.).
10. Bezaudun (id.).
11. Mornans (id.).
12. Bourdeaux (id.).
13. Saint-Auban (id.).
14. Trescléoux (H.-Alpes).
15. Orpierre (id.).
16. Valdrôme (Drôme).
17. Lesches (id.).
18. Charens (id.).
19. Saint-Dizier (id.).
20. La Charce (id.).
21. La Motte-Chalançon (id.).
22. La Maladière ?
23. Volvent (Drôme).
24. Arnayon (id.).
25. Poyols (id.).
26. ...

27. Châtillon (id.).
28. Poët-Laval (id.).
29. Saint-Roman (id.).
30. Montmaur (id.).
31. Aucelon (id.).
32. Die (id.).
33. Marignac (id.).
34. Saint-Julien-en-Quint (id.).
35. Saint-Etienne-en-Quint (id.)
36. Sainte-Croix (id.).
37. Pontaix (id.).
38. ...
39. L'Epine (H.-Alpes).
40. Le Gai?
41. Mirabel (Drôme).
42. Aouste (id).
43. Montclar (id.).
44. Beaufort-sur-Gervanne (id.)

45. Lozeron (id.).
46. Plan-de-Baix (id.).
47. Gumiane (id.).
48. Les Bardons?
49. Beaumont (Drôme).
50. Chamaret (id.).
51. Montmeyran (id.).
52. La Baume-Cornillanne (id.).
53. Eurre (id.).
54. Livron (id.).
55. Loriol (id.).
56. Montélimar (id.).
57. Allan (id.).
58. St-Paul-Trois-Châteaux (id.)
59. ...
60. Mens (Isère).
61. Morges.

V

Comme Ranc et tous les martyrs du Désert, Roger
trouva des poètes improvisés pour chanter ses souffrances.
La complainte que nous publions est tirée des archives
de la préfecture de Montpellier (Procès Mazoyer de Cla-
rensac, 5ᵉ division, nº 30) et fait partie d'un recueil inédit de complaintes du dernier siècle, offert par M. le
pasteur Auzière à la Bibliothèque du protestantisme
français. C'est là que M. J. Gaufrès a bien voulu la co-
pier pour nous. L'auteur anonyme met, dans la bouche
de Roger, une apologie des travaux de ce pasteur et
des mobiles élevés qui inspiraient sa conduite, et la fait
suivre d'une chaleureuse exhortation à la fidélité chrétienne. La versification est mieux soignée qu'elle ne
l'est, en général, dans les compositions de ce genre. On
trouve çà et là quelques beaux vers. On remarquera en
particulier la strophe neuvième et la quatorzième, sans
oublier celles qui terminent le morceau.

COMPLAINTE DE ROGER,

EXÉCUTÉ A GRENOBLE, LE 23 MAI 1745.

Sur l'air du psaume XCIᵉ.

I

Prêtez tous l'oreille à ma voix.
Que l'univers admire

Roger, héraut des saintes lois,
  Appelé au martyre.
Le ciel m'a rendu languissant ;
  Une fureur barbare
A trempé les mains dans mon sang,
  Par un zèle bizarre.

II

Le parlement du Dauphiné,
  Ci-devant pacifique,
Changeant de loi, a fulminé
  Une sentence inique,
Contre un innocent, en effet,
  Des méchants la victime.
Ah ! Seigneur, qu'avais-je donc fait ?
  Et quel était mon crime ?

III

Annonçant au peuple, en détail,
  Les vérités sacrées,
Je ramenais dans le bercail
  Les brebis égarées.
J'avais inspiré la candeur,
  La justice et le zèle ;
J'avais instruit avec douceur
  L'impie et l'infidèle.

IV

J'avais exhorté constamment
  Le peuple à se soumettre
Au roi, à son gouvernement,
  Par ordre de mon Maître.
Et, condamnant à tout jamais
  Le trouble et la cabale,
Je prescrivais d'aimer la paix,
  D'éviter le scandale.

V

Mon langage était écouté,
  Mon travail efficace,

Et je voyais Satan dompté
    Par la divine grâce.
Le vice était anéanti,
    La vertu sur le trône,
Mon troupeau sage et converti,
    Ma joie et ma couronne.

VI

Bourreaux, vous m'avez enlevé,
    Par vos mains sacrilèges.
Et vous m'avez, hélas ! privé
    De ces doux privilèges.
D'un grand roi, par votre noirceur,
    — Quel attentat ! quel crime ! —
Vous avez surpris la douceur,
    Et la bonté sublime.

VII

Ne nous laissons pas détourner
    Par la cause seconde ;
Mais sachons tous nous élever
    Au Monarque du monde.
Vous n'avez, juges, nul pouvoir
    Si le ciel ne le donne.
Vous trahissez votre devoir,
    Quand Dieu vous abandonne.

VIII

L'esprit des persécutions
    N'est point évangélique ;
C'est le génie du démon
    Et de ses satellites.
Jésus est un Prince de paix,
    Et jamais ses ministres
N'eurent recours, dans leurs projets,
    A des moyens sinistres.

IX

En nous conduisant au trépas,
    Vous hâtez nos victoires ;

Au milieu des plus grands combats,
  Nous trouvons notre gloire.
Plus vous flétrissez notre nom,
  Plus il devient célèbre.
Nous scellons notre religion
  Dans ce moment funèbre.

X

L'Eglise, semblable au phénix,
  Renaîtra de ses cendres.
Le Tout-Puissant nous l'a promis.
  Vous ne saurez comprendre
Sa bonté, sa fidélité,
  Ni sa grande clémence,
Par votre esprit de cruauté
  Et votre violence.

XI

Notre sang et celui d'Abel
  Crient toujours vengeance
Au juste Juge, à l'Eternel,
  Notre unique défense.
Jusques à quand, dans ce péril,
  O Maître du tonnerre,
Tarderas-tu, s'écrient-ils,
  A confondre la terre?

XII

A vous tous, auteurs de mes maux,
  De bon cœur je pardonne,
Cruels juges, cruels bourreaux,
  Comme Dieu me l'ordonne,
Qui me refusez un tombeau,
  Me jetez dans l'Isère,
Croyant d'ensevelir dans l'eau
  L'honneur du ministère.

XIII

Mais en vain, ô Romains ardents,
  Prétendez-vous me nuire,

Les flots me rendent plus brillant,
 Bien loin de me détruire (1).
L'élément qui m'a submergé
 Représente la grâce,
Qui, dans mes maux, m'a soulagé
 Et réjoui ma face.

XIV

Mon âme, à l'heure de la mort,
 Au paradis portée,
Triomphante entre dans le port,
 De la gloire escortée,
Parmi les acclamations
 De la troupe angélique,
Pour célébrer le sacré nom
 De mon Roi magnifique.

XV

Mon faible corps fut exposé
 Au caprice de l'onde.
Il fut haï et méprisé,
 Abject aux yeux du monde.
Mais mon esprit, ferme et constant,
 Couronné de justice,
S'abreuve depuis cet instant
 Au fleuve de délice.

XVI

Je contemple de mon Sauveur
 La face ravissante ;

(1) L'auteur fait ici allusion à un bruit, concernant le corps de Roger, qui s'était répandu dans les Eglises et que nous trouvons reproduit dans le fragment suivant d'une lettre de cette époque : « M. Roger resta vingt-quatre heures pendu, *sans que l'on pût reconnaître qu'il eût changé de mine.* Il fut ensuite traîné jusque sur le pont de pierre et jeté dans la rivière. Au bout de trois jours, il fut trouvé sur un gravier où l'eau l'avait laissé. *Sa mine étant toujours que plus vermeille,* je ne sais pas ce que l'on a fait de son pauvre cadavre. »

Je suis au comble du bonheur.
  Ma gloire est plus brillante
Que le soleil, les diamants
  Et que les diadèmes.
Elle surpasse infiniment
  La pompe des rois mêmes.

XVII

Confessant, sous les grands fracas,
  Les célestes doctrines,
Je chantai, jusqu'à mon trépas,
  Les louanges divines.
Présentement surpris, ravi,
  Loin de la noire clique,
Je puis entonner, à l'envi,
  Des élus le cantique.

XVIII

Je quittai la société
  Terrestre et sanguinaire,
Pour entrer dans cette cité
  De paix et de lumière,
Où j'ai trouvé mon frère Ranc
  Plein de gloire et de vie,
Après avoir perdu son sang
  Dans la ville de Die.

XIX

Ah! vous qui pleurez sur Roger,
  Mes brebis fugitives,
Ne regrettez plus ce berger;
  Pourquoi ces voix plaintives?
Ne plaignez pas de mon bonheur
  La lutte terminée.
Pleurez plutôt sur le malheur
  De votre destinée.

XX

Pleurez, pleurez sur vos enfants,
  Surtout sur votre vice!

Amendez-vous, il en est temps !
Cessez votre injustice !
Le ciel est armé contre tous :
Son tonnerre et sa foudre
Vont éclater aussi sur vous,
Et vous réduire en poudre.

XXI

Tendez vers cet heureux séjour,
Animés d'un saint zèle,
Avancez-vous plus chaque jour,
Réglés sur mon modèle.
Dans ces jours de tribulation,
Montrez votre constance,
Vos mœurs, votre religion,
Votre persévérance.

XXII

Réjouissez-vous au Seigneur ;
Rendez-lui vos hommages ;
Exempts de crainte et de frayeur,
Reprenez vos courages.
Au temps de la persécution,
Réclamez sa puissance,
Et sous sa sainte protection
Vivez en assurance.

XXIII

Soyez unis, selon mes vœux,
Dans la vive espérance.
Devenez à toujours joyeux
Par la persévérance.
Aimez jusqu'à vos ennemis.
Comme des chrétiens sages.
Au roi soyez toujours soumis,
Patients dans l'orage.

XXIV

Si vous pratiquez constamment
Ces divines maximes,

Le Dieu toujours doux et clément
  Effacera vos crimes.
Il vous rendra son chandelier
  Et vos doux privilèges :
Vous couvrira de son bouclier,
  Et sera votre pleige (1).

XXV

Il vous donnera des pasteurs
  Nouveaux pour vous conduire,
Et bénira vos conducteurs ;
  Rien ne pourra vous nuire.
Le loup paîtra près de l'agneau,
  La tendre tourterelle
Ne pleurera plus au tombeau
  De son ami fidèle.

XXVI

Vous transmettrez à vos enfants
  La parole sacrée
Du grand Dieu qui, vous bénissant,
  Comblera vos années.
Heureux, dans ce bas élément,
  Vous verrez votre race
Fleurir perpétuellement,
  Sans trouble ni disgrâce.

XXVII

Vous entendrez ce que dira
  Ce Dieu tendre et propice,
Car à ses fils il parlera
  De paix et de justice.
— Oh ! puisses-tu, mon cher troupeau,
  Tout rayonnant de gloire,
Jouir, au séjour le plus beau,
  Du fruit de ta victoire !

FIN.

(1) Répondant. — Vieux terme de pratique qui signifie *celui
qui sert de caution.*

TABLE DES MATIÈRES

VII

1724-1725

VIII

1725-1726

IX

1726-1728

X

1728-1729

XIV

1744

XV

1719-1745

XVI

1745

XVII

XVIII

FIN DE LA TABLE DES MATIÈRES.

Toulouse. — Imp. A. CHAUVIN ET FILS, rue des Salenques, 28.

SE TROUVE :

A TOULOUSE,

Chez Paul LAGARDE, libraire, rue Romiguières, 7.

A PARIS,

Chez GRASSART, libraire, rue de la Paix, 2;
Chez J. BONHOURE et Cie, rue de Lille, 48;
Chez CHASTEL, libraire, rue Roquépine, 4.

A STRASBOURG.. Chez VOMHOFF, libraire;
      Chez TREUTTEL et WURTZ, libraires.
A NIMES. . . . . Chez PEYROT-TINEL et Cie, libraires;
      Chez B. GARVE, libraire.
A MARSEILLE.. . Chez LEBON, libr., rue Paradis, 43.
A MONTPELLIER. Chez POUJOL, libraire.
A CASTRES. . . . Chez BONNET, libraire.
AU HAVRE.. . . . Chez POINSIGNON, libraire, pl. de l'Hôtel-
      de-Ville, 10.
A BORDEAUX.. . Chez FERET et FILS, lib., cours de l'In-
      tendance, 15.
A ALGER. . . . . Chez M. STRUBHARD, libraire, rue de
      Rovigo, 17.
A LONDRES. . . . Religious Tract Society, 56, Paternoster
      Row.
A GENÈVE. . . . . Chez CHERBULIEZ et Cie, libraires;
      Chez E. BEROUD et Cie, libraires;
      Chez J. SANDOZ, libraire;
A LAUSANNE. . . Chez IMER et PAYOT, libraires;
      Chez L. MEYER, libraire;
      Chez ROUGE et DUBOIS, libraires.
A NEUCHATEL.. . Chez DELACHAUX frères, libraires.
A BERNE.. . . . . SOCIÉTÉ ÉVANGÉLIQUE.
A VEVEY. . . . . . Chez B. CAILLE et Cie, libraires.
A BRUXELLES.. . Librairie de la Société évangélique, rue
      Saint-Jean, 33.
A AMSTERDAM. . Chez Van BAKKENES et Cie, libraires.

9 782011 271372